Cómo analizar a las personas

La guía completa para leer rápido a las personas y entender lo que todas están diciendo: aprende sobre los tipos de personalidades y la psicología conductual humana a través del análisis del lenguaje corporalOscura

Academia de Psicología E.W.

© **Copyright 2021— Todos los derechos reservados.**

El contenido de este libro no se puede reproducir, duplicar ni transmitir sin el permiso directo por escrito del autor o el editor.

En ningún caso, ningún tipo de culpa o responsabilidad legal se llevarán a cabo contra el editor o autor, por cualquier daño, reparación o pérdida monetaria debido a la información contenida en este libro, directa o indirectamente.

Aviso Legal:

Este libro está protegido por derechos de autor. Es solo para uso personal. No puede enmendar, distribuir, vender, usar, citar o parafrasear ninguna parte o el contenido de este libro sin el consentimiento del autor o editor.

Aviso de exención de responsabilidad:

Tenga en cuenta que la información contenida en este documento es solo para fines educativos y de entretenimiento. Se ha realizado todos los esfuerzos para presentar información precisa, actualizada, confiable y completa. No se declaran ni implican garantías de ningún tipo. Los lectores reconocen que el autor no participa en la prestación de asesoramiento legal, financiero, médico o profesional. El contenido de este libro se ha obtenido de varias fuentes. Consulte a un profesional autorizado antes de intentar cualquier técnica descrita en este libro.

Al leer este documento, el lector acepta que bajo ninguna circunstancia el autor es responsable de las pérdidas, directas o indirectas, en las que se incurra como resultado del uso de la información contenida en este documento, incluidos, entre otros, errores u omisiones, o inexactitudes.

Contenido

Capítulo 1: Una introducción al análisis de las personas............1

Capítulo 2: Lenguaje corporal 5
    ¿Qué es la comunicación verbal? 6

Capítulo 3: Beneficios de saber analizar a las personas 31
    Ganar más confianza... 31
    Controlar las situaciones sociales... 32
    Mejores relaciones 34
    Aumentar la inteligencia emocional 35
    Más oportunidades de éxito... 37
    Descubriendo el engaño 38

Capítulo 4: Leyendo rápido a las personas 41

Capítulo 5: Comunicación no verbal..51
    El Tono - Donde lo verbal se encuentra con lo no verbal............... 59

Capítulo 6: Diferentes tipos de personalidad..........................71
    Tipos de personalidad.. 71
    Importancia de comprender y reconocer los diferentes tipos de personalidad 90

Capítulo 7: Psicología del comportamiento humano 93
    Visión psicológica del comportamiento 95

Capítulo 8: Cómo detectar una mentira 105
    La psicología detrás de una mentira 106

Capítulo 9: Cómo analizar el lenguaje corporal de otra persona 115
    La cabeza y el rostro.. 117
    Los brazos.. 119
    El Torso.. 120
    Las piernas 121

Capítulo 10: Percepción 125
    Cómo interpretar la comunicación verbal... 131

Peligros de la percepción inexacta 136
Leer a la gente a través de su entorno 141

Capítulo 11: Control mental y cómo influir en el subconsciente 147

Técnicas de control mental 155
Entonces, ¿qué es el control cerebral? 156
La consulta en sí es la siguiente: ¿estamos influenciados por los detalles, la causa, la investigación y la admisión abierta de datos? 157
¿O mediante métodos controladores y engañosos? 157

Conclusión 165

Capítulo 1: Una introducción al análisis de las personas

Con frecuencia, se cree que la forma más fácil de entender la mente humana es estudiando nuestra propia mente. Sin embargo, el hecho es que la mente humana es al mismo tiempo un complejo conjunto de nervios y sentimientos entrelazados. Incluso si es tu propia mente, tienes que profundizar y trabajar más duro para entender las complejidades subyacentes de tu comprensión. Por otra parte, cuando se trata de comprender la mente de otra persona, el proceso requiere técnicas que parecen difíciles, pero que son sistemáticamente fáciles de seguir, lo que puede conducir finalmente al establecimiento de una pauta comprensible para el análisis de la mente humana.

Los humanos son seres interesantes con asombrosos poderes mentales, habilidades funcionales y respuestas. Cuanto más indagamos, más nos encontramos con hechos reveladores y múltiples capas de la mente. Los recuerdos, las experiencias pasadas, las lecciones aprendidas, el caos emocional, los sentimientos relacionales, y todos y cada uno de los aspectos prácticos de la vida están grabados en la mente.

No importa qué circunstancias sean o quiénes sean las contrapartes de estas circunstancias, la mente tiene una respuesta a cada estímulo particular que se presenta en la situación en cuestión. Este tipo de reactividad hace que la mente humana sea propensa a los cambios dinámicos y al condicionamiento psicológico. También hace que una persona sea única respecto a sus otros contemporáneos. La naturaleza variable de la mente humana es bastante similar a cuán únicas son las impresiones de cada persona de la otra. Desde lejos, cada una de ellas puede parecer tener más o menos la misma nariz, ojos, orejas y el mismo número de dedos. No obstante, cuando se observa cuidadosamente y se mira más de cerca, la singularidad se despliega.

Los expertos sugieren que las estructuras mentales humanas son diferentes entre sí en su funcionamiento y condicionamiento porque hay varios factores que influyen en los humanos. Las personas moldean sus mentes de acuerdo a los factores relacionados con su entorno, cultura, sociedad, ética laboral y tradición. Para entender el funcionamiento de la mente de las personas, primero debemos conocer los diversos factores de influencia que van desde los dominios psicológicos, emocionales, físicos y morales hasta los aspectos profesionales, relacionales, lingüísticos y sociales.

La sociedad humana es una mezcla de seres únicos y diversos. Cohabitamos, interactuamos y construimos relaciones. Siempre hay un aspecto curioso que perdura bajo la iniciativa de la interacción. La interacción se vuelve divertida cuando se rebaja al mismo nivel o frecuencia de la química mental. La comunicación en ambos extremos se vuelve fluida, menos incómoda y más interesante. Por otro lado, si los comunicadores no están sincronizados debido a sus diferencias de opinión, falta de familiaridad con el otro, o diferencia de niveles mentales, la interacción sería bastante incómoda y aburrida. Esto ocurre normalmente cuando personas prácticamente extrañas de diferentes orígenes entran en contacto e intentan interactuar entre sí sin conocer adecuadamente la mentalidad del otro. Por el contrario, sin interacción, sería difícil conocer a una persona y analizar la mente humana.

Cuando hablamos de análisis de la conducta humana, significa considerar a una persona como su sujeto de estudio. Esto puede sonar mecánico y materialista, pero puedes estar seguro de que hay más sentimientos involucrados en esto de los que puedas imaginar. Cada parte del cerebro es una montaña rusa emocional de sentimientos y pensamientos.

En la primera parte de este libro, exploraremos la importancia de cómo analizar a las personas, mientras que, en la segunda parte, profundizaremos en las técnicas de manipulación y control mental.

Capítulo 2: Lenguaje corporal

Cuando revisamos las partes de un discurso, nos centramos normalmente en las formas no verbales, teniendo en cuenta que la comunicación verbal se genera de forma espontánea y que difícilmente se puede influir en ella. No obstante, la parte verbal del discurso es fundamental, y por lo tanto debemos trabajar para que nuestros argumentos sean convincentes.

Analizaremos qué es la comunicación verbal, su influencia en el discurso, y cómo podemos mejorar la expresión verbal.

¿Qué es la comunicación verbal?

La comunicación verbal se basa en un modelo de interacción en el que se utilizan señales para elaborar un mensaje. Esta definición puede parecer técnica, pero se refiere simplemente a las letras, sílabas y palabras entendidas como signos; y a sus diferentes uniones para elaborar mensajes completos que otras personas son capaces de comprender e interpretar.

Al hablar de la comunicación oral, solemos pensar en una persona que articula un discurso. Sin embargo, hay dos formas de comunicación verbal:

La comunicación oral: Incluye palabras verbalizadas por medio de la voz, así como palabras habladas en forma gestual. Por ejemplo, en el lenguaje de señas.

Comunicación escrita: Esto se logra a través de mensajes escritos que el receptor debe leer e interpretar.

La comunicación oral se enmarca en una situación específica que será decisiva para la eficacia del mensaje. Todos estos elementos deben ser tenidos en cuenta para construir mensajes adecuados en forma y contenido.

- Emisor: Es la persona que genera el mensaje.

- Receptor: Es la persona que recibe el mensaje y lo interpreta.

- Mensaje: El contenido o la información que va del emisor al receptor.

- Código: El sistema que usamos para articular el mensaje, normalmente identificado con el lenguaje.

- Canal: El medio a través del cual se transmite el mensaje.

Contexto: Situación general en la que se enmarca la comunicación verbal.

Este simple esquema determinará la efectividad de nuestra comunicación.

La importancia de la comunicación verbal en los grupos de trabajo

En toda metodología que incluya grupos de trabajo, la comunicación es fundamental. La comunicación verbal es inmediata. Por eso la utilizamos continuamente tanto para organizar grupos internamente como para intercambiar mensajes entre los diferentes grupos de trabajo.

El dinamismo y la eficacia de los grupos dependen de la comunicación. Un proceso de scrum en el rugby, por ejemplo, sería inviable sin un modelo compartido de comunicación, y su desarrollo es muy difícil si la comunicación verbal es deficiente.

Es decir, el análisis comunicativo tiende a centrarse en la mayoría de las ocasiones en la comunicación no verbal. No obstante, la comunicación funcional, la que usamos continuamente y la que lleva consigo la carga de información, es verbal, y por lo tanto debemos dominarla.

Mejorar la comunicación verbal en nuestro día a día

De hecho, la comunicación verbal requiere un largo proceso de mejora, pero destacaremos algunos aspectos que podemos mejorar simplemente siendo conscientes de nuestros mensajes verbales diarios.

Hay que evitar las muletillas y las locuciones. Son muy comunes cuando se inician las frases y se producen de forma inconsciente.

Modifica el tono de tu voz. El volumen de tu mensaje se basará en el mensaje y el entorno en el que te encuentres.

Las pausas y la escucha activa deben ser parte de todas tus interacciones verbales. Tan importante como lo que se expresa y lo que no se dice.

Comunicarse de forma natural, a veces adoptando ciertos tonos o actitudes, hace que los defectos de la comunicación oral sean más evidentes.

Debes ser claro y preciso en todo momento, independientemente de quién sea el receptor. Dos rasgos personales deben ir con nuestros mensajes: la pasión (naturalmente) y la educación.

Usar, si es posible, el nombre de la persona que está frente a ti, ya que esto crea confianza. Estos son algunos consejos que puedes usar tanto si tienes que preparar un discurso como en tu entorno de trabajo diario.

Es a través del estudio del lenguaje corporal y la inteligencia no verbal que podemos leer e interpretar las pistas.

¿Qué podemos entender por "inteligencia no verbal"?

La inteligencia no verbal está enfocada en el estudio de la comunicación no verbal, analizando las expresiones faciales, los gestos, el tono de voz, la velocidad, el volumen, el conjunto de movimientos y posturas, a fin de descifrarlos con la mayor precisión posible, a través del contexto, para decodificar los posibles significados de cada una de estas señales no verbales.

El cuerpo refleja los pensamientos y traduce en gestos, posturas y expresiones faciales los verdaderos sentimientos del hablante. También revela su verdadera personalidad, intenciones, grados de apego, emociones, intereses, e incluso la posición que se desempeña en una conversación.

No querer ver o no dar importancia a estas señales corporales es perder gran parte de la confianza y el mensaje más secreto de las personas. ¿Sabías que emitimos señales incluso cuando pensamos que no lo hacemos, y que ni siquiera nos damos cuenta de que adoptamos comportamientos que nos delatan de forma evidente? Un apretón de manos demasiado fuerte, una mirada intimidante, rascarse la ceja cuando se te enseña un nuevo vestido, o levantar el hombro cuando preguntas a un vendedor sobre un producto que quieres comprar, todas estas señales pueden dar una información clara sobre las intenciones de la gente.

De hecho, es a través del estudio del lenguaje corporal y la inteligencia no verbal que podemos leer e interpretar pistas como gestos, movimientos, posturas o expresiones faciales que la gente conscientemente o inconscientemente muestra, lo que también nos protegerá de menos amenazas o intenciones y aún así podremos transmitir mensajes de una manera más efectiva, atractiva y creíble con la mayor claridad posible.

El pensamiento que siempre me ha acompañado es la idea de leer los pensamientos de otras personas, por lo que, durante las últimas décadas, he intentado acercarme a la lectura de pensamientos y he decidido aprender todo sobre cómo descifrar a las personas con los mayores expertos del mundo, desde especialistas en lenguaje corporal e inteligencia no verbal hasta antiguos agentes del FBI, espías, terapeutas, psicólogos, investigadores del comportamiento humano. Siempre he tenido una saludable dosis de escepticismo, junto con una mente abierta, cuando me expuse a las enseñanzas de la ciencia de descifrar personas.

Cuanto más aprendía a descifrar a la gente, más seguro estaba de que la vida cotidiana se volvía más rápida y satisfactoria. Es una tendencia general que la gente pierda el interés por los detalles y preste especial atención a lo nuevo. Empecé a sentirme extraño al darme cuenta de que la mayoría de la gente tenía una confianza casi ciega en las palabras y en el poder de la percepción, indiferente a las señales no verbales.

Me pregunté por qué mucha gente había olvidado el lenguaje más antiguo y verdadero del ser humano. Sabía que, para dominar y controlar este lenguaje silencioso, el arte de descifrar a la gente me daría el poder de saber más sobre la gente, sobre sus motivaciones, sus miedos, sus intenciones y sus secretos más profundos. Al interpretar las señales no verbales, podía saber más sobre los demás e incluso más sobre mí mismo. Pude anticipar conductas, cambiar las estrategias de comunicación según el contexto y protegerme de las relaciones tóxicas para mejorar los resultados de mi vida diaria.

¿Cómo es que el hecho de estar inconscientes de este tipo de comunicación nos hace tener una percepción equivocada de alguien?

Podemos fingir el lenguaje corporal, pero no siempre lo podemos lograr. Los estudios realizados a lo largo de los años nos dicen que el mensaje entre dos personas cara a cara se transmite en la siguiente proporción: 7% comunicación verbal, 38% se refiere al tono de velocidad (ritmo y volumen), y 55% se refiere al lenguaje corporal, haciendo que las expresiones faciales, los gestos, el tono de voz, la velocidad, el ritmo, el volumen y el movimiento sean responsables en la transmisión de un mensaje, mucho más que las palabras.

Estos estudios revelan la importancia de la parte no verbal en la transmisión del mensaje. Aunque muchas personas son conscientes de estos estudios, siguen preocupándose más por las palabras que van a decir que por la forma en que se expresarán. Todos nacemos para saber identificar las expresiones faciales, los gestos y las posturas de manera subconsciente, así como también aprendemos constantemente nuevas expresiones, gestos y sus significados, como una manera de protegernos durante la vida. Por lo tanto, esto es muy importante para nuestra protección y éxito.

¿Podemos entonces concluir que hay gestos que demuestran dominio y otros que demuestran sumisión?

El dominio es la manifestación de la "respuesta de lucha" del sistema límbico. Aunque rara vez nos encontramos en situaciones que requieran una verdadera lucha, utilizar nuestro dominio es como utilizar nuestro cuerpo para demostrar liderazgo, confianza, profesionalismo, credibilidad, intimidación, e incluso cuando queremos ser percibidos como más interesantes y competentes. El dominio impide que nos perciban como "blancos" fáciles de manipular o controlar, nos protege de los "depredadores" (malos jefes, malos vendedores, malos amigos...).

La sumisión es exactamente lo contrario del dominio, muestra la ausencia de la "respuesta de lucha". Una persona sumisa puede decidir que, para sobrevivir, es mejor no generar una pelea aceptando el dominio ejercido para no irritar a la persona que dice ser dominante.

¿Alguna vez te has preguntado por qué los jefes son los que tienen oficinas más grandes?

Una de las manifestaciones de lo dominante es demandar más espacio. Esta es una forma de territorialidad, exigir más espacio es una cuestión territorial. Otra forma de demostrarlo es apartando los pies, cuanto más lejos, mayor es la demostración de dominio. Los sumisos, para no desafiar a los dominantes, ocupan menos espacio, uniendo sus pies.

Muchos de los sumisos creen que no enfrentarse a los dominantes es la mejor manera de complacer, lo que sucede es que nos gusta la gente como nosotros y que la sumisión tiene el efecto contrario. Para complacer al dominante, también debemos exhibir comportamientos de dominio. Solo debemos emitir algún comportamiento sumiso de forma consciente y decir solo unos pocos, en situaciones en las que puedas estar siendo evaluado o necesites algo de la otra persona (entrevistas de trabajo, ventas, hablar con tu jefe).

¿Qué tipo de señales no verbales existen para poder "descifrar a la gente"?

Descifrar a las personas a través del lenguaje corporal tiene un proceso de aprendizaje similar al del abecedario en la escuela: primero tendremos que aprender las señales más simples e importantes y sus posibles significados, y luego podremos empezar a juntarlos para poder leer las intenciones o pensamientos de más personas. Recordemos que un gesto, movimiento o expresión facial puede tener varios significados y depende del contexto en el que tenga lugar.

Por consiguiente, podemos dividir las señales no verbales en cinco categorías, comenzando por los "símbolos", caracterizados como movimientos utilizados en lugar de palabras con un significado fácilmente perceptible (por ejemplo, decir OK levantando el pulgar), y por los "ilustradores", o movimientos que acompañan el discurso para ilustrar lo que se dice (por ejemplo, contar hasta cuatro y mostrar los cuatro dedos).

Además de estos, también tenemos "reguladores", que se definen como movimientos relacionados con la función del habla y el oído y que indican intenciones (por ejemplo, asentir con la cabeza, mirar más intensamente, cambiar de postura), gestos que regulan la interacción, movimientos realizados por el hablante o por quien escucha con el fin de mostrar atención, interés o control.

Por último, los "tranquilizantes", definidos como los movimientos que utilizamos para calmarnos en situaciones de incomodidad o nerviosismo (por ejemplo, tamborilear con los dedos, tirar del pelo, jugar con un anillo) y los "indicadores", que son movimientos similares a los de los ilustradores, en el sentido de que también acompañan a las palabras, pero difieren en un aspecto: reflejan el estado emocional en que se encuentra la persona en ese momento (por ejemplo, comodidad, incomodidad, ansiedad, miedo, huida).

¿Qué áreas del cuerpo muestran las señales más claras?

Para descifrar a una persona, no es necesario ver más, sino ver mejor. Es estar atento a las señales y comprender los posibles significados y qué desencadenó esta misma señal. Cuando empecé a aprender a descifrar a las personas, me di cuenta de que era una tarea enorme, tenía que simplificar y crear un sistema que fuera efectivo porque si funciona conmigo, también funciona con los demás, y así creé este sistema.

Todas las señales que aprendí encajan en estas categorías. Por ejemplo, observé la tensión en mis labios y me pregunté cuál podría ser el significado y en qué categoría podría encajar. Y me respondía a mí mismo: si la tensión en los labios es estrés o tensión emocional, entonces la persona está incómoda. Otro ejemplo es que la persona levante la barbilla mientras me habla: si levanta la barbilla es una señal de que no me ve como una amenaza o con un ego alto, entonces es una persona dominante.

Las piernas, los pies, los brazos, las manos y los dedos son los responsables de ejecutar los estímulos del cerebro: desde paralizar, escapar y luchar hasta los instintos más primitivos en respuesta a la interpretación de los eventos externos. También tiene como responsabilidad las demostraciones territoriales de dominio y la eliminación de posibles amenazas o "competidores". Veo a los miembros como el frente, es decir, la protección, conexión, lucha o conquista de nuestros más profundos sentimientos, pensamientos y deseos.

Las piernas y los pies son las partes del cuerpo que emiten las señales más honestas de nuestro cuerpo, dada su gran distancia del cerebro. Conscientemente controlamos las palabras, las expresiones faciales, los brazos y las manos más apropiadamente que las piernas y los pies. Cuando me refiero a las pistas de interés, dominio o tensión, creo en los mensajes dados por los pies más que en las palabras porque son más fáciles de manipular.

¿No se corre el riesgo de malinterpretar las intenciones buscando un significado constante en los gestos?

Esto sucede, ya sea que sepas o no leer el lenguaje corporal, es una necesidad humana. Quiero advertir de la tendencia que tenemos a imaginar significados, a menudo basados en prejuicios. Tanto si te gusta una persona como si no, esto no puede interferir en la lectura de tu lenguaje corporal; por lo tanto, es fundamental aprender los significados y ser consciente de todos los estereotipos, para evitar los prejuicios antes de empezar a leer el lenguaje corporal.

Yo prefiero creer que es el resultado de la educación, de las experiencias y de lo que te han dicho que estaría bien o mal desde la infancia. A veces, los prejuicios trabajan a nuestro favor, otras veces pueden trabajar en nuestra contra. No debemos hacer juicios previos basados en experiencias y creencias pasadas. Siempre es menos probable que nos equivoquemos cuando conocemos el significado de lo que observamos.

¿La comunicación no verbal es siempre genuina o puede ser "fingida"?

Podemos fingir, pero no podemos escondernos. Siempre habrá señales que identifiquen nuestra verdadera intención o emoción, estas señales son más visibles para los ojos entrenados. El lenguaje corporal es responsable de definir cómo se producirán las interacciones entre dos o más personas, y el hecho de no ser percibidos como confiables, creíbles u honestos dificultará enormemente su imagen, ya que asociamos los comportamientos no verbales con las características mencionadas.

Hay días o momentos de la vida en los que estamos menos bien emocionalmente y el cuerpo revela estos mismos sentimientos, sin embargo muchas veces no somos evaluados por nuestras habilidades o intenciones, pero sí por la percepción que las personas tienen de nuestras habilidades o intenciones, por esta razón recomiendo estudiar, aplicar y dominar el lenguaje corporal para ayudar a las personas a obtener una comprensión más precisa de su esencia en diferentes situaciones o contextos, y esta percepción determinará el grado de influencia que ejercen y su poder de decisión.

En la actualidad, es importante destacar que el lenguaje corporal es como la ropa, no todo nos queda bien y muchas personas tienen la percepción de que solo utilizan algunas posturas y gestos para obtener el mensaje correcto, sin embargo, si las posturas utilizadas no están de acuerdo con nuestro núcleo, la comunicación falla. Conocer y aplicar las técnicas de Lenguaje Corporal es como usar un cuchillo, puede ser usado para hacer el bien o el mal.

Cómo analizar a la gente a través de los gestos no-verbales de la cara

El rostro humano es un mapa que traiciona miles de sentimientos. Según el Dr. Ekman, el rostro humano es capaz de expresar diez mil sentimientos. El rostro humano está compuesto por muchos músculos que controlan los labios, los ojos, la lengua, las orejas, las mejillas y todos los demás rasgos faciales.

Todo lo que sentimos se expresa en el rostro, desde el ceño fruncido hasta la sonrisa estrecha, pasando por la sonrisa tímida. Hay muchos matices implicados en las expresiones faciales.

Al leer a los demás, podemos saber rápidamente si están sorprendidos, tristes, enfadados, exaltados o nerviosos. Nunca se nos enseñó realmente cómo traducir estos patrones faciales, pero sabemos lo que cada gesto representa.

¡Las expresiones faciales pueden ser falsas!

Mientras que el rostro humano es muy honesto al revelar emociones, no siempre representa nuestro verdadero sentimiento. Esto se debe a que podemos controlar parcialmente nuestras expresiones faciales.

Desde muy temprano en la vida se nos enseñó a no poner una cara de disgusto cuando recibimos un regalo que no nos gusta, y se nos enseñó a sonreír en todo caso. Así, fuimos capaces de actuar, de convertirnos en lo que no éramos con nuestras expresiones faciales. La capacidad de falsificar las expresiones faciales es la razón por la que los estafadores, criminales, depredadores sexuales y mentirosos son capaces de salirse con la suya.

Es difícil detectar la diferencia entre las expresiones faciales reales y las falsas. Las expresiones faciales pueden darte una idea de los pensamientos de otra persona, pero tienes que estar listo para detectar estas pistas observando no solo las expresiones faciales, sino también el lenguaje corporal.

Aprende a buscar los comportamientos sutiles

Quiero que tengas en cuenta que la gente a menudo trabaja ocultando sus expresiones faciales. En consecuencia, se hace difícil captar sus verdaderas emociones si no se es lo suficientemente observador. Estas pistas faciales o micro gestos son a menudo fugaces y difíciles de captar. Estos micro gestos o rasgos faciales sutiles suelen tener poca importancia en las conversaciones casuales. Revelan una profunda agitación emocional cuando la conversación es entre amantes, mejores amigos, parejas y familias.

Aquí hay un ejemplo. En una fiesta, uno de los invitados con una gran sonrisa en su rostro comentó que estaba contento de que sus hijos tuvieran un buen trabajo. Hizo esta declaración con una mandíbula tensa y una sonrisa en su cara. Todos lo felicitaron hasta que su esposa le dijo a un amigo cercano que el marido estaba molesto porque los niños solo se las apañaban con sus pésimos trabajos. Los que le rodeaban en ese momento solo se centraban en la declaración verbal y la sonrisa sin tomar nota de la mandíbula tensa.

Gestos no verbales del ojo

Grandes poemas, pensamientos filosóficos y obras de arte han sido inspirados por el ojo humano. Frases como "El ojo es la ventana del alma" y "Los ojos tienen mil significados" son metáforas exactas utilizadas para describir la precisión del ojo en la revelación de las emociones internas. Así, por ejemplo, a menudo encontramos gente que usa frases como "Tiene una mirada fría", "Me miró fijamente como un puñal", "Tenía una mirada en blanco", "Tiene grandes ojos de bebé", o "Tiene una mirada de niño". Cuando usamos estas frases, sin querer nos referimos a la forma y el tamaño de los ojos.

A diferencia de las partes menos reflexivas de la cara, la evolución ha modificado los músculos alrededor del ojo para protegerlos de los peligros. Esto permite que el ojo asuma diferentes "miradas" en respuesta a diferentes emociones. Así que echemos un vistazo a las diferentes formas de los ojos en respuesta a las diferentes emociones.

La expresión del ojo dilatado

Es normal que tus ojos se iluminen o se dilaten hasta tres veces su tamaño original cuando estás emocionado de ver a alguien. Por el contrario, tus ojos se contraen cuando te encuentras con alguien que evoca una emoción negativa en ti. Los ojos dilatados son la forma que tiene el cerebro de decir: "Me gusta lo que veo. Déjame verlo mejor". Cuando estás emocionado por ver a alguien, tus pupilas se dilatan, tus cejas se levantan y el área de los ojos se ensancha, haciendo que los ojos se vean más grandes. Las modelos usan la expresión de los ojos dilatados para verse más atractivas y hermosas. Asimismo, es una señal clave en las relaciones. Si a una mujer le gusta un hombre, es probable que dilate o ensanche sus pupilas hacia él, y él podrá decodificarlo inconscientemente.

Qué hacer cuando hay señales mixtas

A veces no decimos lo que pensamos, pero la cara traiciona nuestros pensamientos más íntimos. Por ejemplo, alguien que mira constantemente a la salida más cercana mientras camina contigo te da pistas de que preferiría estar en otro lugar. Yo llamo a esto "pistas de intención".

Otras veces, decimos algo y creemos lo contrario. Esto nos lleva a una regla general cuando observamos y analizamos las palabras y emociones mirando las expresiones faciales. Cada vez que te enfrentes a las señales mixtas de la cara (como las señales de ansiedad junto con las señales de felicidad, las muestras de desagrado junto con el comportamiento de placer) o si el comportamiento facial no verbal no es coherente con la declaración verbal, elige siempre la emoción negativa como la más honesta y precisa de las dos.

En este caso, el sentimiento negativo es el más genuino y preciso de las emociones y sentimientos de la persona. Podrías preguntarte, "¿Por qué elegir las emociones negativas?" La respuesta está en el hecho de que nuestra reacción inmediata a una situación objetable es siempre exacta, y rápidamente intentamos enmascararla con algún comportamiento socialmente aceptable. Así que cuando nos enfrentamos a señales mixtas, confiamos más en la emoción negativa, especialmente si es la primera.

Y no basen todos sus juicios en la expresión facial solamente, ya que puede confundir. Más bien, necesitas buscar grupos de lenguajes corporales y evaluarlos en el contexto de las circunstancias y el entorno de la persona.

"El desafío" de las manifestaciones faciales

Nuestros padres, maestros y varios libros nos enseñaron que la forma de sobrevivir a lo que la vida nos depara es mantener siempre la barbilla en alto. Este pedacito de sabiduría describe con precisión nuestra respuesta límbica cuando nos enfrentamos a las adversidades y desgracias.

Levantar la barbilla es un signo de desafío, confianza y superioridad. Por otro lado, bajar la barbilla es visto como tener poca confianza o emociones negativas. Cuando se combinan estos rasgos con otros rasgos faciales, se puede analizar con precisión a las personas y planificar cómo manejarlas y comunicarse mejor con ellas.

Este concepto también es cierto para la nariz. Un gesto con la nariz hacia arriba es una pista no verbal de alta confianza mientras que un gesto con la nariz hacia abajo es una muestra de inseguridad y baja confianza. La gente también usa la posición de la nariz hacia abajo cuando están estresados como una forma de distanciarse de su entorno.

Sonrisas y risas: Los gestos más irresistibles del mundo

A menudo, los padres les decían a los niños que pusieran una gran sonrisa en su cara cuando sus primos vinieran a casa para Navidad. También aprendimos el arte de fingir la risa para cubrir los momentos embarazosos. Hemos integrado tantos gestos en nuestra rutina diaria que nos ha ayudado a navegar a través de diferentes situaciones.

A veces, los padres sabían que las sonrisas tienen la capacidad de evocar emociones positivas a nivel intuitivo. Es una herramienta común utilizada para desmantelar a las personas.

Cuando profundizamos en el significado de tales sonrisas, a menudo encontramos un tipo de significado totalmente diferente. Tienes que saber que el cigomático, que es el responsable del gesto de la sonrisa, puede ser controlado conscientemente. ¡Las sonrisas pueden ser falsas! Esto nos lleva a la siguiente sección: ¿cómo podemos diferenciar entre las sonrisas falsas y las reales o naturales?

Cómo diferenciar entre sonrisas reales y falsas

Para una persona inexperta en la lectura de lenguajes corporales, es difícil diferenciar entre una sonrisa real y una falsa. Una de las razones principales es que cuando una persona sonríe independientemente de su originalidad, nuestra defensa suele bajar, y esto nos hace impotentes para diferenciar. Entonces, ¿cómo podemos decir la diferencia para no caer presa de aquellos que nos manipulan a través de la sonrisa?

Hay otro músculo conocido como el orbicularis oculi, que controla las esquinas del ojo. Actúa de forma independiente y revela la sinceridad de una verdadera sonrisa. Por lo tanto, el primer lugar para comprobar una sonrisa real es mirar las arrugas del rabillo del ojo. Una sonrisa sincera crea líneas de arrugas en la esquina del ojo mientras que una sonrisa falsa implica el ensanchamiento de solo los labios.

El concepto de clemencia de la sonrisa

El concepto de clemencia con la sonrisa es una herramienta utilizada por la gente, especialmente los transgresores, para disolver situaciones peligrosas. Según Dale Carnegie, el autor de Cómo ganar e influir en la gente, "La gente cree que sonreír no solo puede hacer amigos, sino también influir en la gente".

Por ejemplo, los solicitantes sonríen más en una entrevista de trabajo para aumentar sus posibilidades de conseguir el empleo. Más aún, las personas sonríen más cuando tratan de obtener la aprobación de los demás.

El efecto de indulgencia con la sonrisa, cuando lo aplican los transgresores en un tribunal, puede dar lugar a una sentencia menos severa, ya que es más probable que el transgresor se muestre simpático y no amenazador. Entonces, ¿por qué este efecto tiene tanto impacto en los demás?

Este concepto es un signo de deferencia, disculpa y sumisión, todo ello envuelto en una sonrisa encantadora. La gente que no quiere parecer débil o sumisa, a menudo pasa sin sonreír en un intento de parecer gruñona y agresiva.

Capítulo 3: Beneficios de saber analizar a las personas

Tenemos una curiosidad innata por saber por qué los demás piensan y sienten de la manera en que lo hacen. Si un amigo se comporta de manera inusual, nos apresuramos a elaborar teorías sobre las motivaciones e intenciones detrás de sus extrañas acciones. Algunas personas incluso se enorgullecen de ser un excelente juez de carácter. Por desgracia, tendemos a confiar únicamente en nuestras experiencias pasadas y en nuestra intuición al analizar a la gente, lo que puede llevar a suposiciones incorrectas. Es necesario que haya una forma más precisa de interpretar el significado detrás de los cambios en la fisiología de una persona. Aprender los fundamentos de cómo analizar sistemáticamente lo que el lenguaje corporal de una persona dice sobre su estado emocional tiene varios beneficios:

Ganar más confianza

Si puedes aprender eficazmente a leer el lenguaje corporal, los gestos y otros lenguajes no verbales de otras personas, entonces puedes evitar confundirte o malinterpretar lo que están tratando de expresar. Es un hecho que la mayoría de la gente se mete en un conflicto por una mala comunicación o un concepto erróneo al confiar en las comunicaciones verbales.

Una simple palabra puede tener muchos significados y diversos grados e intensidades. Al confiar simplemente en las palabras, uno puede confundirse, lo que más tarde puede llevar a un conflicto. Sin embargo, dado que más del 55% de las formas de comunicación de las personas se hacen a través del lenguaje corporal, entonces hay una menor posibilidad de malentendidos en su uso en comparación cuando se relaciona con las palabras. Y cuando estás seguro de que puedes leer a la gente con precisión, entonces esto te da más confianza ya que les das la respuesta correcta en el momento más rápido posible, ya que no necesitas alargar tus pensamientos en cosas basadas en meras suposiciones.

Controlar las situaciones sociales

Los humanos son seres sociales, y no hay forma de evitarlo. El deseo de conectar está dentro de todos nosotros, y también es este deseo el que realmente nos conecta a todos. Aprender a analizar a los demás te permitirá entenderlos mejor a un nivel más profundo. Estamos constantemente transmitiendo nuestra identidad a través de la forma en que nos presentamos públicamente. Por ejemplo, la ropa que llevamos puede decir mucho sobre cómo nos gustaría que los demás nos vieran. Debajo de estas cualidades superficiales, hay información que también es subcomunicada sobre nuestra identidad sin que tengamos conciencia de ello. Por ejemplo, la forma en que nos vestimos puede expresar lo inseguros que estamos acerca de nosotros mismos porque estamos tratando de cubrir las imperfecciones de nuestra personalidad.

Cuando comienzas a analizar a las personas, notarás que empiezas a descubrir información más interesante y más reveladora sobre otros los cuales son los principales responsables de cómo se comportan y sienten. Poseer la habilidad de observar e interpretar las señales sociales también te equipará mejor para manejar todo tipo de interacciones con tacto y diplomacia. A medida que incorpores estos consejos y técnicas, tus relaciones, tanto profesionales como personales, florecerán a medida que profundices en tu comprensión del lenguaje universal de los humanos que es el lenguaje corporal.

Últimamente, ha habido una epidemia de gente autoproclamada como socialmente incómoda en la última década. La era actual de Facebook, mensajes de texto y Snapchat ha dado forma al modo en que toda una generación se ha desarrollado socialmente. Eso no quiere decir que hayan sido atrofiados en su desarrollo social. Comunicarse a través de estos nuevos medios es la forma más rápida y conveniente para nosotros de expresar nuestro ser social. Sin embargo, cuando nos comunicamos a través de estos nuevos medios que solo se basan en las palabras, perdemos los aspectos no verbales de la comunicación. Además, a diferencia de la comunicación no verbal, podemos mentir fácilmente con nuestras palabras.

Incluso en esta era digital de compras de comestibles en Amazon, todavía hay algunas actividades que requieren que tengamos interacciones cara a cara. En un mundo lleno de gente que está más acostumbrada a escribir o enviar mensajes de texto detrás de una pantalla, aprender a analizar el lenguaje corporal te daría una gran ventaja en las situaciones sociales. Así pues, hasta que absolutamente todo se pueda realizar desde la comodidad de tu casa sin hablar con otro ser humano, es una excelente inversión para trabajar en tu inteligencia social.

Mejores relaciones

Estar en una relación no es fácil, especialmente cuando la mayor parte del tiempo, no nos leemos con precisión y cuando las energías emocionales no se sincronizan. No obstante, cuando puedes leer y analizar a otras personas, puedes saber rápidamente si alguien está interesado en ti, y tu cita puede ir bien porque están completamente en sintonía el uno con el otro. Cuando se trata de una relación más seria, leer claramente a tu ser querido te dará una comprensión más profunda de sus pensamientos y acciones; así, te será más fácil comunicarte efectivamente con él.

La mayoría de las veces, las relaciones se rompen debido a la falta de comunicación, pero si pueden leer y analizar el comportamiento del otro, pueden evitar un profundo malentendido que a menudo conduce a la separación.

Las relaciones necesitan confianza y comprensión junto con una comunicación abierta, y la gente tiende a cerrarse y a negarse a contar lo que está experimentando cuando está herida, enfadada o ansiosa. Solo a través de la capacidad de leer claramente sin aquellas cosas que tienden a nublar tus pensamientos y emociones, podrás evitar que un malentendido se interponga en tu relación.

Aumentar la inteligencia emocional

Después de aprender a leer el lenguaje corporal de la gente que te rodea, naturalmente empezarás a ser más consciente de tu lenguaje corporal. Puede ser un poco abrumador comprender cómo la más pequeña de las acciones puede exponer lo que sentimos en un momento dado. Esta idea de que hay personas equipadas con la capacidad de leer la mente de cualquiera con solo mirarlos prácticamente haría que cualquiera se sintiera extremadamente vulnerable.

El mejor curso de acción sería tomar medidas para controlar la fisiología de nuestro cuerpo para transmitir a los demás cómo queremos ser percibidos. Esto requiere que seamos lo suficientemente conscientes de nosotros mismos como para saber cuándo estamos volviendo a nuestro lenguaje corporal predeterminado y luego modificarlo para representarnos a nosotros mismos de la manera en que nos gustaría ser representados. Empezarás a reconocer que nuestras emociones pueden ser influenciadas por la forma en que posicionamos nuestros cuerpos. La idea de colocarnos deliberadamente en posturas socialmente dominantes para sentirnos más seguros de nosotros mismos se ha convertido en una teoría popular en la última década.

Posturas como "La Mujer Maravilla", que requieren que uno extienda sus pies un poco más allá del ancho de sus hombros y coloque sus manos en sus caderas, pueden hacer que una persona se sienta tan poderosa y segura de sí misma como la heroína amazónica. Cuando modificamos la forma en que estamos parados, somos proactivos en el manejo de nuestras emociones. La verdad es que muchos de nosotros permitimos que nuestras emociones controlen nuestras vidas, de modo que olvidamos que tenemos emociones propias y que no somos nuestras mismas emociones.

Al cambiar cómo nos sentimos internamente, puede transformar nuestros pensamientos, creencias y comportamiento. Para producir cambios duraderos, manipular el lenguaje corporal como una técnica de manejo emocional requiere de diligencia y práctica, especialmente para convertir esta habilidad en un hábito. Al principio, tomará una cantidad abrumadora de esfuerzo para monitorear nuestras emociones ya que no hemos sido condicionados para manejarlas. Una forma de acelerar este proceso es integrarlo en nuestra vida social hasta el punto de que se convierta en nuestra forma natural de reaccionar ante el mundo. Es fácil regular tus emociones cuando estás solo. Es mucho más desafiante practicar esto en compañía de tus amigos y familia.

En ocasiones, nuestros amigos y familiares pueden decir o hacer cosas con las que no estamos de acuerdo. No es nuestra responsabilidad cambiar estas cosas sobre ellos, pero siempre somos responsables de cómo reaccionamos emocionalmente a ellas. Si vigilas tus sentimientos en un momento dado y te disocias de ellos en los escenarios más difíciles, tomarás decisiones más inteligentes y emprenderás acciones más deliberadas.

Más oportunidades de éxito

Cuando has aprendido a dominar el hábil arte de leer el lenguaje corporal de la gente, puedes también ser capaz de ganar relaciones ya que puedes establecer rápidamente una buena relación con la gente. Ser capaz de construir buenas relaciones con los demás te abrirá más oportunidades en todos los aspectos de tu vida, especialmente en los negocios o en la carrera, que son los marcadores del éxito. Reconocer que la gente en la industria quiere hacer tratos y dar favor a las personas que quieren. Los entrevistadores de trabajo son más propensos a favorecer a las personas que emiten un lenguaje corporal positivo que a las personas que les envían señales corporales negativas.

Descubriendo el engaño

Todo el mundo miente; la pregunta es, ¿cómo podemos reconocer si la gente miente antes de que suframos las consecuencias de su deshonestidad? La capacidad de leer a la gente y averiguar cuándo mienten es lo más cercano a un superpoder del que puedes hacer uso. Todo lo que se necesita hacer es aprender a observar el lenguaje corporal de una persona y perfeccionar tus habilidades de observación, para que notes las señales cada vez que se produzcan. La mayoría de la población no es consciente de que su deshonestidad puede ser transmitida públicamente por sus cuerpos. Por muy hábil que seas para mentir, al cerebro le cuesta mucho trabajo mentir. Esencialmente necesitamos aferrarnos a dos realidades en nuestra cabeza, la realidad de la verdad y la realidad que hemos conjurado con nuestras mentiras. Llega a un punto en el que el cerebro está demasiado preocupado para asegurarse de que la comunicación del cuerpo está de acuerdo con tu mentira, así que descuidadamente pone tu cuerpo en piloto automático. Tu cuerpo actúa como un chismoso inadvertido cuando mientes mientras intentas asegurarte de que nadie sepa que estás mintiendo.

Un ejemplo de esto es cuando alguien es incapaz de mantener el contacto visual. Cuando una persona muestra este tipo de comportamiento, hay una ligera posibilidad de que no esté diciendo la verdad. Esta es la forma en que el cuerpo se protege de aquellos que potencialmente pueden "castigar" al individuo si es sorprendido mintiendo. Si los ojos son las ventanas del alma, el contacto visual constantemente interrumpido sugiere que esa alma tiene algo que ocultar. Por supuesto, hay que considerar otros factores. A veces, el cuerpo no logra suprimir ciertos tics de comportamiento que indican que lo que dices puede no estar en armonía con la verdad. Por ejemplo, si tu compañero de trabajo elogia la forma en que te has vestido para el trabajo, pero los músculos faciales utilizados para fruncir el ceño se mueven ligeramente, esto puede indicar que no son sinceros con su cumplido.

Este ejemplo plantea la cuestión de si cada mentira es "siniestra" y si debes exponer cada intento de engaño que encuentres. ¿Sería tan terrible pasar el día creyendo que alguien expresó un interés positivo en tu forma de vestir? No, en absoluto. Algunos pueden preferir vivir una vida de ignorancia dichosa y no preferirían mirar detrás de la cortina por miedo a que se arrepientan de haber aprendido la verdad. Este libro te dará las herramientas que te permitirán decidir en lugar de dejar que otros decidan si mereces escuchar la verdad. Puede que no sea urgente descubrir las "mentiras blancas", como los cumplidos poco sinceros. Sin embargo, es urgente equiparse con esta habilidad si la deshonestidad de una persona puede tener consecuencias drásticas si no se aborda de inmediato. Cuando puedas reconocer las señales de que alguien puede estar mintiéndote, la dinámica social de tus interacciones cambiará a tu favor al tratar con personas con intereses ocultos.

Capítulo 4: Leyendo rápido a las personas

Para leer rápido a las personas es necesario práctica y experiencia. Sin embargo, muchas de las habilidades que podrías tener que desarrollar pueden ser habilidades que ya tengas. Cuando observas a una persona con la intención de hacerle un perfil en tu mente, estás evaluando su lenguaje corporal en una fracción de segundo; tú percibes su expresión facial, su postura y sus acciones.

Para poder leer rápido a las personas de forma efectiva tendrás que estar bien versado en la práctica del reconocimiento. El reconocimiento es ser consciente del presente sin juzgar. Esta es una estructura de tres partes que lo conforman: estar consciente, estar presente, y no ser juicioso. Al principio, estar consciente es permitirte tomar toda la información sensorial que tienes y aceptar tu estado. La segunda parte trata sobre estar en el presente, en cualquier momento y lugar; esto puede aplicar a personas que a menudo se encuentran atrapadas en sus mentes. La tercera parte trata sobre no juzgar; no juzgar es importante porque la aceptación es un gran motivador en nuestras vidas. Si nosotros somos capaces de aceptar, entonces podemos avanzar al siguiente paso, el cual es la confianza.

Tú debes cultivar el reconocimiento para leer rápido a las personas, debido a que es la modalidad mediante la cual puedes sentirte cómodo leyendo las señales y pistas observables de las personas.

Comienza a cultivar el reconocimiento practicando. Primero simplemente puedes sentarte en una posición cómoda, con tu cuerpo relajado, permitiéndote sentir tu trasero en la silla y tus pies en el suelo. Tú puedes hacer una gran variedad de ejercicios, incluyendo un escaneo corporal. El escaneo corporal debería comenzar en un extremo del cuerpo, como la cabeza o los dedos del pie, e ir lentamente al otro extremo del cuerpo. Esto simplemente dirige tu atención a diferentes partes del cuerpo, sintiéndolas y notando lo que están haciendo y lo que está ocurriendo con ellas. Primero dirige tu atención a tus dedos del pie, y solo siente lo que están sintiendo. Tú puedes sentir la ropa que estén tocando, tus calcetines o zapatos, o puedes sentir el suelo debajo de ellos. Esto te permitirá estar más en contacto con lo que esté ocurriendo en tu cuerpo.

Tú también puedes comenzar prestándole atención a tu respiración. Simplemente enfoca tu atención en las sensaciones físicas de la respiración. Esta es solo una forma con la que puedes sintonizar el cuerpo y estar el contacto con él. Mientras notas cada respiración, cuenta hasta diez una y otra vez. Uno, inhala y exhala y vuélvelo a hacer. Comprueba qué tan lejos puedes contar sin perder tu atención en una sola función corporal. Esta es una práctica que te ayudará con la concentración y atención.

El reconocimiento te dejará estar en el presente cuando estés interactuando con personas y observándolas. Reconocer significa ser consciente, y esta es tu meta cuando estés intentando leer rápido a las personas. Es ser consciente de su postura, lenguaje corporal y otras señales que son muy importantes al analizar personas.

La concentración y la atención son importantes cuando quieres leer rápido a las personas. Tú tendrás que enfocar tu atención hacia una persona en particular cuando la leas rápidamente. Exteriormente no debe parecer que estás enfocando tu atención en ella, en cambio, debes observarla de una forma neutral. Primero puedes notar su postura. ¿Está erguida de pie? ¿Está agachada o inclinada hacia un lado? Esto te puede informar sobre el estado físico de su cuerpo. Las personas más viejas tendrán una posición más encorvada. Con las personas más jóvenes, encorvarse puede significar diferentes cosas. Puede significar que quieren ser más pequeños y menos notables, y quizás no quieren estar en el ojo público. Podría delatar una sensación de timidez en ellas, que ellas no están dispuestas a dar un paso adelante y ver a las personas a los ojos.

La postura sentada de las personas también te contará mucho sobre ellas. La mayoría de las personas que tienen una gran capacidad de reconocimiento intentan tener una postura apropiada la mayoría del tiempo porque la mala postura puede causar que los huesos se debiliten, desarrollando todo tipo de problemas de la salud. Cuando alguien está sentado en una postura saludable y atenta, sabes que es una persona confiable. Cuidan de su cuerpo y lo hacen intencionalmente. Pero algunas veces la postura sentada no será el mejor indicador, y algunas veces puede distraerte.

El siguiente punto a considerar cuando estás leyendo rápido a las personas es el efecto. ¿Qué queremos decir con el efecto? El efecto es la forma con la que el rostro expresa pensamientos y sentimientos. Un efecto normal es considerado uno que tiene una amplia gama de expresiones, por ejemplo, sonreír cuando uno está feliz y tener expresiones faciales que combinen con lo que uno esté diciendo y haciendo. El efecto es una gran señal sobre cómo alguien se está sintiendo. Las personas con alguna enfermedad mental, por ejemplo, tienen efectos planos. Esto significa que su efecto no cambia mucho cuando dicen diferentes cosas y no son capaces de expresar sentimientos con sus rostros. Esto está asociado con una gran variedad de condiciones. Sin embargo, los casos mucho menos graves de efecto restringido provienen simplemente de ser tímido, ansioso o estar triste. Una persona puede restringir su efecto cuando tiene ansiedad social, por ejemplo. Los pensamientos de una persona pueden variar mucho y su rostro puede mostrar una reacción neutral y calmada. Esto puede ser un mecanismo protector para algunas personas cuando ocultan sus emociones. Tú y otras personas no tienen que lidiar con la desagradable realidad de dónde están sus emociones. Algunas personas demuestran todos sus sentimientos en sus rostros. Cuando estás "leyendo personas", tienes que determinar qué cantidad del efecto de una persona está siendo representada en sus sentimientos. Entonces puedes captar su atención. El contacto visual es una enorme parte de esto. ¿Cuánto contacto visual está haciendo la persona? ¿Es sostenido e íntimo? ¿Es interrumpido? Algunas veces las personas pueden ser agresivas con el contacto visual y en realidad puede ser una forma con las que las personas exteriorizan su dominancia en una situación.

El contacto visual es algo proximal que puede conectar y dividir a las personas. El término "mirada masculina" fue acuñado para describir la interacción en el contacto visual o solo una mirada. La mirada masculina se debe al poder del ojo. Es algo que a menudo olvidamos, pero el contacto visual es una herramienta poderosa cuando se ejerce sobre alguien. Estás haciendo una conexión. Esta conexión podría asustar a algunas personas, y las personas que son tímidas o que tienen problemas con la autoestima a menudo evitarán mucho el contacto visual. Esto se debe a que ellas no confían en sí mismas y no tienen confianza. Una persona con confianza es capaz de hacer contacto visual con quien sea que interactúe. Las personas podrían ser intimidantes, pero siempre puedes interactuar con alguien de buena fe, teniendo la confianza en ti mismo para representarte efectivamente a ti y tus ideas.

La única forma para leer rápidamente a las personas es practicando. Practica un poco: ve a la tienda de abarrotes y compra una o dos cosas pequeñas. Observa a tu alrededor y ve si puedes ver a alguien. Si no hay nadie más, practica viendo a la cajera. Pregúntale qué tal su día y ve cómo reacciona. Mientras pasas por esta experiencia, intenta captar tanto como puedas. Trata de enfocarte en ella sin ser persistente, e intenta leer verdaderamente el efecto y el lenguaje corporal de la persona. Es posible que notes algo que nunca antes hayas notado.

Cuando llegues a casa, comienza a escribir. Comienza a escribir lo que viste, cómo lucía la persona, cómo actuó y todo lo demás. Comienza a describir cómo tu cuerpo de sintió cuando estuviste interactuando con esta persona e intenta ver si notaste algún cambio cuando estaba interactuando contigo. Algunas cosas principales que debes tener en consideración es el contacto visual, la expresión facial, el lenguaje corporal y cualquier otra vibra que puedas captar. Comienza a escribir todo lo que notes y comprueba qué tanto puedes deducir.

La psicología es definida como el estudio de las funciones de la mente humana, más específicamente relacionado al comportamiento. Estudia cómo pensamos, nuestros procesos mentales y lo que nos hace ser como somos. El psique humano está compuesto de nuestra mente y alma. Es lo que nos hace individuos; nosotros pensamos y actuamos diferentemente, haciendo que analizar de forma precisa el comportamiento humano básico sea una habilidad muy valiosa.

Estas son algunas áreas de estudio específicas utilizadas para responder las preguntas que rodean las influencias conductuales.

Estudio del cerebro y del comportamiento

La psicología ayuda a simplificar las complejidades de los procesos mentales y del comportamiento humano a través del estudio de percepciones, aprendizaje, desarrollo cognitivo, emoción y memoria. La psicología conductual se enfoca en los procesos físicos y mentales que pueden desarrollar varios comportamientos.

El estudio de las diferencias individuales

Las personalidades, motivos y niveles de inteligencia difieren de persona a persona. Uno de los roles esenciales de la psicología es investigar cómo estos diferentes aspectos se interrelacionan para ayudar a definir cómo se desarrollan las identidades individuales.

Personalidad

La personalidad se refiere a los comportamientos y las funciones cognitivas únicas de un individuo. Los psicólogos han desarrollado muchas diferentes teorías para explicar cómo funcionan los rasgos de la personalidad. Las teorías de Carl Jung sobre la personalidad son particularmente populares; la herramienta indicadora de tipos de personalidades de Myers-Briggs surgió a partir de un estudio posterior sobre su investigación.

Motivaciones

Las motivaciones lidian principalmente con las recompensas y el valor. Las teorías sobre las motivaciones se inclinan hacia la suposición que las respuestas aprendidas provienen de un tipo de motivo u otro.

Inteligencia

El tema de la inteligencia se discute normalmente en el estudio de la psicología. Sin embargo, no todos los psicólogos están de acuerdo en cuanto en qué consiste y hay muchas diferentes visiones sobre el tema. Algunos dicen que la inteligencia se engloba en una variedad de habilidades, talentos y capacidades, mientras que otros dicen que la inteligencia yace en una sola habilidad general.

Estudio del comportamiento grupal

Los humanos son naturalmente sociales, y nuestro comportamiento cambia dependiendo del ambiente. Nosotros actuamos diferente cuando estamos solos, en comparación a cuando estamos en un ambiente social. El estudio del comportamiento humano probablemente cubrirá tanto los comportamientos antisociales como los prosociales. Estos diferentes comportamientos normalmente se desarrollan de algún tipo de influencia exterior de otras personas. La psicología social ayuda a descubrir cómo los individuos pueden ajustarse a las normas sociales o someterse a la autoridad de otras. También puede demostrar los roles de género y cómo la cultura puede moldear el comportamiento de una persona.

Capítulo 5: Comunicación no verbal

La comunicación no verbal puede ayudarte a tomar el control de tu vida y también para influir en los demás. Saber dónde estás y quién eres te preocupa más que la ubicación y el reconocimiento facial. Comprender el subtexto de las interacciones humanas es un medio de gestionarlas más eficazmente. Entender el significado de una mirada dirigida a ti desde una habitación llena de gente por alguien a quien no te gusta es bastante simple. Lo que no es tan simple es tu decisión sobre la formulación de una respuesta, en ese mismo momento. Al entender lo que la gente intenta decirte sin palabras, ganas confianza en tus interacciones sociales basadas en la sabiduría sobre la gente. Lleva tiempo aprenderlo. De hecho, es el trabajo de toda una vida, pero hay mucho que puedes hacer ahora mismo para mejorar tu capacidad de medir con más precisión lo que piensan y sienten las personas que te rodean y, tal vez, lo que esperan que suceda, en lo que a ti respecta.

Aquí hay algunas formas comunes en que la gente habla sin palabras:

Gestos con las manos

En algunas culturas, los gestos con las manos pueden ser fácilmente leídos por otros. De hecho, todas las culturas del mundo los usan. En algunas culturas, sin embargo, los gestos con la mano tienen un lugar de privilegio comunicativo. Una de ellas es, por supuesto, Italia. De hecho, la gente de Italia es bastante notoria por su tendencia a hablar con las manos.

Algunos de estos gestos se encuentran en otras culturas, pero muchos son peculiares de Italia. Se puede ver que el arte italiano presenta algunos de ellos, como la ficha (que significa "higo"), en la que los cuatro dedos se unen con el pulgar. Hoy en día, este gesto se utiliza para expresar la capacidad de una multitud en una instalación pública (restaurante, estadio deportivo, cafetería). Alternativamente, el mismo gesto cuando se acompaña de un movimiento brusco hacia atrás y adelante de la parte superior del brazo, doblado en el codo significa "¿qué?", o "¿qué demonios?", incluso "¿qué te pasa?".

Pero hay muchos gestos de manos universales que pueden revelar lo que alguien está sintiendo, mientras te comprometes con ellos. Lanzar las manos al aire es una expresión universal de exasperación. Poner una mano delante del cuerpo, con un brazo recto se entiende universalmente que significa "detenerse". Pero hay otras formas en que las manos pueden decirnos qué pasa dentro de las personas con las que nos relacionamos.

Los gestos en los que las palmas se giran hacia abajo indican autoridad. Con los brazos extendidos, este tipo de gesto también puede indicar un sentido de superioridad o dominación. Sin embargo, cuando las manos se usan en gestos con las palmas hacia abajo, en el curso de una conversación o negociación laboral, la persona que hace el gesto está indicando una falta de voluntad para conceder un punto. Cuando forma parte de un movimiento firme y hacia abajo (como el de cortar), el mensaje es "no".

Alternativamente, los gestos con las palmas abiertas indican un interés serio en reconciliar un punto, o la voluntad de llegar a una concesión o acuerdo. Las palmas de las manos abiertas son una indicación de apertura.

Las manos apretadas en los puños (a menos que se esté a punto de entablar una pelea a puñetazos), normalmente indican incomodidad y una sensación de inseguridad sobre el procedimiento. Cuando el pulgar está metido dentro del puño, la persona que hace este gesto se está preparando para enfrentarse a una amenaza percibida e intenta fortalecerse, de forma completamente inconsciente.

Colocar la mano derecha sobre el corazón es una señal de que la persona que está comprometida está pidiendo tu confianza y quiere que le creas. Es un gesto que indica sinceridad. Cuando se emplea conscientemente, puede ser una estratagema para engañar a la gente y hacerles creer que el gesto es sincero, cuando en realidad, están mintiendo. Este gesto es circunstancial, pero se basa en el deseo de ser creído.

Señalar a los demás se considera generalmente grosero. Cuando alguien señala con el dedo, este gesto puede ser leído como una agresión. Generalmente, cuando la gente señala en el curso de una conversación, o al pronunciar un discurso, la importancia es la de la autoridad. El gesto denota una orden del sujeto, así como una exhortación y una exigencia de ser escuchado. Señalar también puede proporcionar énfasis (como una forma de puntuación no verbal).

Las manos que parecen apretarse o frotarse entre sí son un signo de nerviosismo o autopacificación. Este gesto se puede ver de varias formas, entre ellas, entrelazando y deslazando los dedos, jugando con anillos o mangas, o hurgando en las uñas de los dedos. La indicación es que el gesticulante está en una posición defensiva y se siente amenazado o inseguro en el contexto de la interacción.

Cuando las personas colocan las manos en sus caderas, lo que están haciendo físicamente está ocupando más espacio. Al magnificar físicamente su presencia, están estableciendo su autoridad y exigiendo que se les tome en cuenta. Este es un gesto dominante y cuando va acompañado de pies firmes y postura erguida, no significa nada más que negocios. La persona que tiene las manos en la cadera (especialmente si tiene las manos en los puños) le está diciendo que no está de humor para juegos. Este es un gesto "todo negocios", que indica que el gesto es intransigente y no está en absoluto abierto a concesiones o negociaciones.

Colocar los cinco dígitos de cada mano juntos, en la punta de los dedos, se llama "steepling". Aunque este gesto puede ser fácilmente mal interpretado como conciliatorio, lo que realmente transmite es que la persona que hace el gesto es inherentemente confiada y autoritaria. Es una persona que no puede ser influenciada, a menos que tenga una muy buena razón de ser para lo que sea que esté tratando de lanzar. El "steepler" es una persona poderosa. Cuando ves este gesto con la mano, has conocido a alguien de considerable peso intelectual que puede ver a través de casi cualquier persona.

Expresiones faciales

El rostro humano es una expresiva colección de músculos que pueden decir mucho sobre la gente. Incluso las personas más aparentemente inescrutables hablan a los demás con sus caras. En algunas culturas, esto es más cierto que en otras. Algunas culturas son incluso conocidas por su particular habilidad para ocultar las emociones controlando el rostro. La mayoría de nosotros, sin embargo, llevamos nuestras emociones y opiniones en la cara, donde todo el mundo puede verlas.

La mayoría de nosotros somos capaces de leer las expresiones faciales solo de manera bastante amplia. Sabemos cuando alguien es feliz, porque su sonrisa nos lo dice. Sabemos cuando alguien está enfadado, porque la cara se retuerce en una expresión que es desagradable. Pero hay muchas expresiones de las que el rostro humano es consciente y que pueden ser extraordinariamente fugaces, permaneciendo en la cara solo de 1/15 a 1/25 de segundo. Eso no es mucho tiempo para obtener una lectura. Estas breves expresiones pueden revelar mucho acerca de lo que estamos pensando (y tal vez no quieras revelar con la cara). Conocidas como micro-expresiones, hay siete de las que podemos tomar nota. Estas son: desprecio, asco, miedo, tristeza, sorpresa, ira y felicidad.

Estas expresiones se ven en los rostros de personas de todo el mundo. Trascienden las fronteras culturales y lingüísticas. Incluso se ven en los rostros de los ciegos de nacimiento y de las personas que nunca han visto la televisión u otros medios de comunicación filmados. Esto significa que nuestras expresiones faciales están profundamente codificadas en nuestro ADN humano. Son algo de lo que aprendemos a hacer al nacer, como la respiración. Reconocerlas es crucial en el proyecto de aprender a entender lo que la gente está pensando y sintiendo. Como las microexpresiones recorren la cara tan rápidamente, conocer las características de cada una es útil. A continuación, se presentan las características de cada una de las expresiones enumeradas:

Asco: ¡Algo apesta! Esta es la expresión que tu cara formará, cuando ese sea el caso. La nariz se arruga y al hacerlo, las mejillas se levantan y el labio superior se riza. Se forman líneas bajo los ojos, a medida que se estrechan.

Miedo: La boca se abre y los labios se retractan, mientras ambas cejas se levantan. Mientras esto sucede, se forman líneas en la frente, verticalmente. El blanco de los ojos se muestra, por encima del iris.

Sorpresa: La mandíbula cae, al abrirse la boca. Las cejas se elevan y se forman líneas en la frente, horizontalmente. El blanco de los ojos se muestra alrededor de toda la circunferencia del iris.

La felicidad: A medida que las comisuras de la boca se levantan, las mejillas se elevan, las esquinas de los ojos se arrugan y los párpados inferiores se ponen tensos. Los dientes pueden o no estar expuestos. La verdadera felicidad siempre se indica cuando se forman líneas en los bordes exteriores de los ojos. Cuando esto no ocurre, la felicidad está siendo fingida.

La ira: A medida que la mandíbula se empuja hacia fuera, las fosas nasales se dilatan. La boca está tensa, con las esquinas girando hacia abajo. Las cejas se juntan, con líneas verticales que se forman entre ellas. Los ojos están fijos. Para que esta expresión sea completamente legible como ira, todos los sectores de la cara deben estar ocupados.

Desprecio: Un lado de la boca se levanta en la esquina en la clásica burla. Esta expresión puede ir acompañada por el giro de los ojos.

Tristeza: El labio inferior es empujado hacia afuera y las comisuras de la boca, llevadas hacia abajo. Las cejas son empujadas hacia adentro y luego hacia arriba. De todas las expresiones enumeradas en esta sección, esta es la que menos probabilidades tiene de ser fingida efectivamente.

Estas son descripciones simples, pero puedes practicar reproducirlas tú mismo. Ponte delante del espejo, intentando hacer coincidir tu expresión facial con una emoción, sin mirar las descripciones anteriores. Ahora haz lo mismo, siguiendo las descripciones y prestando atención a cualquier diferencia que notes. Cuando seas consciente de las sutilezas de estas expresiones en tu propio rostro, es más probable que las captes en los rostros de los demás. Estas expresiones pueden decir mucho sobre la calidad de una conversación que estás teniendo y el nivel de honestidad que se está compartiendo por parte de la persona con la que estás hablando.

El Tono - Donde lo verbal se encuentra con lo no verbal

Puedes obtener mucha información por el tono de voz. Cuando las palabras se pronuncian en un cierto tono y con un cierto énfasis, pueden tomar diferentes significados. Por ejemplo, alguien te invita a un evento, pero sientes que la invitación se ofrece a regañadientes. ¿Por qué tienes esa sensación? Es el tono. ¿Parece poco entusiasta? Un tono resignado o plano puede indicar que la invitación se recita para complacer a alguien o por obligación social.

El tono, e incluso el ritmo y la velocidad del habla pueden marcar la diferencia entre ser escuchado y ser hablado. También se puede aprender mucho sobre el nivel de confianza de la gente por la velocidad con la que hablan. El ritmo habitual de una conversación es de unas 140 palabras por minuto. Más rápido que eso y se percibe que estás parloteando. Más despacio que eso y tendrás gente esperando cada una de tus palabras (el actual presidente americano viene a tu mente), o aburrido hasta la muerte.

El tono de voz cambia completamente el mensaje, como hemos discutido anteriormente. En el popular programa de televisión, Seinfeld, cuando el personaje, Neuman (que no es muy querido por los demás personajes del programa) aparece, el estribillo es "Hola, Neuman". Pero el tono de voz en el que aparece es uniformemente venenoso. Más que un saludo, es una amenaza. El tono puede transmitir el subtexto transformando las palabras de maneras bastante sorprendentes.

Para las mujeres lectoras, esto es especialmente importante. El tono y la entonación deben ser cuidadosamente modulados, particularmente en los círculos de negocios. Bajar el tono de su voz hace que tus palabras cambien en términos de valor para el oyente, particularmente cuando estás hablando con hombres. Se sabe que los hombres se "desvían" cuando hablan las mujeres. Por lo tanto, es increíblemente importante que las mujeres modulen sus voces, hablando de una manera que llame la atención de los demás cuando lo deseen. Para las mujeres, esta es una forma de reflejo lingüístico. Debido a que el tono de las voces masculinas tiende a ser más bajo que el de la mayoría de las mujeres, se realiza un juego de manos en el que las mujeres pueden reflejar a sus compañeros masculinos y exigirles que escuchen.

La voz humana es como un instrumento. Tú tienes el control y decides cómo va a sonar. Si esperas atraer a un oyente u oyentes, baja el volumen. Ve más despacio. Observa cómo se inclinan. Varía la calidad tonal de lo que estás diciendo, añadiendo énfasis al final de la frase para añadir un signo de interrogación (lo que la mayoría de nosotros hacemos naturalmente), o bajándolo para impartir autoridad a tus palabras. Haz una pausa, si es necesario. Considera lo que vendrá después. Si te has tomado el tiempo para componer un pensamiento y crees que vale la pena escucharlo, ten la confianza de no soltarlo. Tómate el mismo tiempo para expresar el pensamiento con palabras que el que has pasado componiéndolo.

Un aspecto fascinante de la calidad de las voces de la gente es que pueden decirnos mucho sobre la gente que habla. Todo el mundo tiene una calidad vocal que es habitual, hasta cierto punto. A menudo, no somos conscientes de ello.

Algunas personas suenan quejumbrosas y nasales, sin siquiera saberlo. Otras suenan cálidas y efusivas, por naturaleza. Luego, algunas personas tienen una calidad vocal plana y monótona. A veces, la cultura y el lenguaje pueden afectar el tono y la afinación. Normalmente, sin embargo, el tono implica una actitud no hablada, pero evidente. Prestar atención a la calidad de las voces de la gente y a la sensación que se experimenta al escucharlas entrenará a tus oídos a tener en cuenta la voz en tu evaluación de los que te rodean.

Recuerda, ellos pueden estar haciendo lo mismo contigo. Es importante que seas consciente de cómo suenas. Tal vez quiera practicar la lectura en voz alta para tener una idea de cómo suenas para los demás. Puedes grabarte en vídeo o grabarte a ti mismo y reproducirlo. ¿Cómo te escuchas a ti mismo? ¿Qué gestos estás mostrando para que los demás los lean? ¿Qué dice tu cara? El hecho de hacer una lectura sobre ti mismo es una buena base para aplicar tu autoconocimiento a tu interpretación de los que te rodean. Cuando seas capaz de mirar objetivamente las señales que estás enviando, podrás leerlas mejor en los demás.

Vestimenta y estética

Si invitaras a alguien a tu boda y apareciera con chanclas, pantalones de chándal y una gorra de béisbol, como si acabara de hacer la compra en su tienda de comestibles local, o se hubiera levantado de la cama y ni siquiera se hubiera duchado, ¿cuál sería tu conclusión? Probablemente concluirías que a esta persona no le importaba tu boda y que, muy probablemente, no estaba feliz de estar allí. ¿Qué otra conclusión se podría sacar?

Los hábitos de sastrería y cuidado personal de una persona son signos visibles de sus actitudes hacia sí mismos y hacia los demás. Particularmente en el lugar de trabajo, un enfoque informal del aspecto de una persona puede indicar una falta de preocupación por la calidad del trabajo, los estándares del lugar de trabajo, o ambos. Las personas que se presentan bien parecen confiadas, porque se sienten seguras. Su cabello está arreglado. Su ropa es atractiva, limpia y presentable y sus uñas están limpias. Saben que se ven bien. Aquellos que tienden a no preocuparse mucho por los detalles de la presentación tienden a no ser percibidos como competentes y quizás como que sufren de baja autoestima.

Así que es extremadamente importante que envíes el mensaje correcto a los demás presentándote como alguien que considera que la apariencia tiene cierta importancia. Esto no quiere decir que se espere que todo el mundo sea un pavo real que se engalana, ya que ese estilo de presentación puede ser tan molesto (si no, más) que la negligencia. Lo admitamos o no, la gente tiende a juzgar a los demás por su apariencia y si la suya no está bien conservada, o no está en absoluto conservada, sin concesiones a las normas públicas, no será bien considerada.

Como he dicho antes, la falta de preocupación por la apariencia personal puede indicar un número de realidades bajo la superficie, pero a veces, las apariencias engañan. Las personas que tienden a no preocuparse mucho por su apariencia pueden ser intensamente intelectuales y comprometidos con su trabajo. Esto es particularmente cierto en el caso de los programadores informáticos, académicos y otros involucrados en trabajos que implican un alto nivel de concentración. Hay más en algunas personas de lo que se ve a simple vista, por lo que siempre es prudente tener en cuenta las variables cuando se llega a una evaluación. Como sabrás, si has leído hasta aquí, conocer a las personas es un montón de pequeñas cosas, no solo una gran cosa.

En cuanto a ti, esta sección habrá dejado claro el tipo de mensaje que es verdaderamente atractivo: el orgullo por la propia apariencia. Eso se expresa en una atención general al aseo y a lo apropiado de la vestimenta. El sentido del estilo es una ventaja. Si no lo tienes, pasa un tiempo pensando en cómo se presentan aquellos a los que admiras y pregúntate cómo puedes crear ese efecto tú mismo. Si te falta mucha inteligencia en ese departamento, recuerda mantenerlo simple, aerodinámico y ordenado. Esto enviará el mensaje de que te preocupas, tienes confianza en ti mismo, pero también eres profesional. Ese es probablemente el factor más importante, especialmente para aquellos de ustedes que leen y que esperan aprender las habilidades necesarias para desarrollar dones influyentes. Las primeras impresiones son impresiones duraderas. Puedes ser el hombre o la mujer más inteligente de la habitación, pero si pareces una cama sin hacer, no importará nada.

Todos los factores enumerados son elementos de comunicación. Todo lo que dices, haces y llevas, cada expresión de tu cara, cada gesto y cada alto y bajo en el tono de tu voz cuenta una historia sobre lo que pretendes. Saber cómo evaluarte honestamente en todos estos departamentos es una forma sólida de desarrollar tu peso influyente. Cuando te conozcas a ti mismo y a tus hábitos y puedas verlos objetivamente como elementos de tu propio estilo comunicativo, sabiendo que puedes mejorar algunos o todos ellos, estarás mejor equipado para influir en los demás. Al deconstruir tu propio estilo, tendrás una ventana a la forma en que otros se comunican contigo, usando todos estos elementos.

Lance Burdett, un profesional de las comunicaciones que ha trabajado como Asesor Nacional de los Equipos de

Negociación de Crisis de la Policía de Nueva Zelanda, dice que no se puede exagerar la importancia de una comunicación efectiva. Es bien conocido por su insistencia en que la comunicación efectiva puede difundir la ira y corregir el comportamiento abusivo. Dice que las buenas habilidades de comunicación (incluyendo la evaluación de los estilos de comunicación de los demás) son la base de la capacidad para desactivar situaciones potencialmente peligrosas y ayudar a reducir la toxicidad de los ambientes potencialmente explosivos. Es, por ejemplo, muy tentador reaccionar con ira cuando alguien te habla con enojo. Pero, ¿eso te lleva a donde quieres estar en términos de avanzar en tu agenda? Nada más lejos de la realidad. Tener la capacidad de medir su respuesta, especialmente en situaciones de tensión, puede ser crucial para un resultado satisfactorio. La finura y la atención a los detalles son claves en situaciones en las que la ira puede convertirse en violencia en un instante. La eficacia de estas habilidades en su vida diaria se destaca por su importancia en el trabajo policial, cuando su aplicación exitosa puede significar la vida o la muerte.

Al entender la psicología social y tener las habilidades interpersonales necesarias, tienes la capacidad de conocer a la gente en su lugar y apelar a lo que les importa. Tener la habilidad de ser capaz de leer e interpretar eficazmente las pistas comunicativas que la gente nos envía, tanto verbalmente como no verbalmente, es la base del éxito social y profesional.

A continuación, se presenta un breve resumen de cómo hacer que tu comunicación hablada sea más efectiva y clara:

Sé específico

Di lo que quieres decir. Piensa en lo que dices. Asegúrate de que el mensaje que reciben los demás es el que pretendes y que tus gestos, expresiones, lenguaje corporal y tono coinciden. No debe haber ninguna disonancia percibida entre estos elementos de tu estilo comunicativo, pero cuando hables con convicción y honestidad, eso no será un problema. Antes de que puedas convencer a otros, o influenciarlos, tienes que comprar lo que estás vendiendo, a ti mismo. Eres tu primer mejor o peor cliente. Asegúrate de que tu mensaje sea claro, conciso y adaptado a la persona o personas con las que hablas, para encontrar el terreno común que buscas.

Lee las señales

La buena comunicación es una cuestión de persuasión, no de fuerza. No intentes, por ejemplo, convencerte a ti mismo de que el oyente está totalmente involucrado en la conversación para halagarte a ti mismo. A veces la gente solo está siendo educada y tratando de no ofenderte. Pueden estar aburridos, ofendidos o cansados. Presta atención a las expresiones y al lenguaje corporal de aquellos con los que estás hablando. No seas aburrido. Es imperativo que trabajes en la comprensión del arte de la comunicación no verbal para que puedas hacer una lectura precisa de cualquier situación en la que te encuentres. La habilidad para entender el comportamiento de las personas en las interacciones sociales es clave para conducirse con éxito. Saber con quién estás hablando es de vital importancia. Aunque tengas grandes ideas sobre el valor de lo que estás diciendo, vigila al oyente para asegurarte de que no te engañas a ti mismo.

Ejercitar el pensamiento crítico y el buen juicio

Pensando críticamente, más que nada se trata de leer bajo la superficie y perforar hasta el núcleo de lo que está en discusión. Si alguien te dice que la proposición "A" es la verdadera y que ha sido debidamente investigada, considerada y aceptada, ¿tomas esta declaración al pie de la letra o te aseguras de que así sea? Incluso con sus propias proposiciones - ¿Te has convencido completamente de que estás completamente a bordo, o estás fingiendo, porque quieres creer que estás en lo cierto?

El pensamiento crítico es un proceso que excluye las suposiciones y la voluntad de tomar las cosas al pie de la letra. Exige más de ti, en términos de aplicar una lectura juiciosa y objetiva de las personas, situaciones y eventos.

Exige además que estés dispuesto a llamarte a ti mismo en momentos en los que no te has tomado el tiempo de obtener todos los hechos que necesitas antes de llegar a un acuerdo, adoptar una postura o emprender una acción. En esencia, el pensamiento crítico es lo opuesto a ser "reaccionario" (actuar únicamente por instinto, sin estar informado por la comprensión intelectual). El pensamiento crítico y el sano juicio que se desprende de tal ejercicio es la clave de una comunicación eficaz. Lo que se descubre, en el proceso del pensamiento crítico, es una visión de 360 grados de la verdad, en su totalidad. Esto te permite identificar las contingencias, los peores escenarios y cualquier otra consecuencia posible de la toma de ciertas decisiones, declaraciones o acuerdos.

Aunque el pensamiento crítico no siempre puede evitar que sucedan cosas que uno preferiría que no sucedieran, puede funcionar como un tipo de profiláctica contra la comisión de errores que no es necesario que se cometan, en la mayoría de los casos. Pensar críticamente implica ver las cosas por lo que son, en todas sus facetas. Eso incluye la lectura de las personas. Puedes mirar a ciertas personas de ciertas maneras, pero ¿están esas maneras informadas críticamente? ¿Te has preguntado cuál es la base emocional de tus palabras y acciones? ¿Estás, de hecho, siendo justo?

Al abordar la comunicación interpersonal desde un punto de vista crítico, eres capaz de aplicar los conocimientos que obtienes de una lectura crítica de las personas para llegar al mejor resultado, para todos los involucrados, sin prejuicios.

Capítulo 6: Diferentes tipos de personalidad

Tipos de personalidad

Personalidad de los ISTJ - El Inspector

A tu primera impresión, los ISTJ son muy intimidantes. Los ISTJ son vistos como formales, apropiados y serios. A los ISTJ les gustan los rasgos y tradiciones de la vieja escuela que mantienen la responsabilidad cultural, el honor, la paciencia y el trabajo duro. Los ISTJ son rectos, tranquilos y silenciosos.

I - Introvertidos: Autosuficiente, tranquilo y reservado. Su energía se agota al socializar. Así que tienden a estar cómodos cuando están solos. Procesan sus pensamientos internamente. Necesitan tiempo para estar solos para recargarse.

S - Percepción: Conocen, confían en los hechos, detalles, especificidades, realidades presentes y experiencias pasadas. Los ISTJ son a menudo pragmáticos, observadores y realistas. Viven en el aquí y el ahora.

T - Pensamiento: Los ISTJ toman decisiones basadas principalmente en la lógica y no en sus sentimientos emocionales. Se rigen por su cabeza y no por su corazón. Están más preocupados por las verdades o los hechos que por proteger las emociones de otras personas.

J - Juicio: Son disciplinados, organizados y estratégicos. Los ISTJ son muy responsables, y se ciñen a los horarios. Les gusta prepararse y planificar con antelación.

Personalidad de los INFJ - El Consejero

Son idealistas y visionarios capaces de producir ideas brillantes e imaginaciones creativas. Los INFJ tienen un aspecto totalmente diferente y muy profundo de la visión del universo. Los consejeros tienden a tener una profundidad y sustancia en la forma en que piensan, nunca toman nada a nivel superficial o aceptan las cosas como son. Mucha gente puede percibir este tipo de gente como extraña porque ven la vida de manera diferente.

I - Introvertido: Autosuficiente, tranquilo y reservado. Su energía se agota al socializar. Así que tienden a estar cómodos cuando están solos. Procesan sus pensamientos internamente. Necesitan tiempo para estar solos para recargarse.

N - Intuitivo: Introspectivo, imaginativo y creativo. Son perfectos para analizar temas complejos. Se centran principalmente en el futuro más que en el presente. Confían en sus instintos.

F - Sentido: Los INFJ tienden a hacer uso de sus criterios subjetivos, valores y sentimientos cuando están tomando decisiones. En su mayoría se rigen por sus corazones y no por la cabeza. Son muy discretos, empáticos y diplomáticos. Los INFJ están motivados principalmente por la apreciación, y prefieren evitar conflictos y discusiones con otros.

J - Juicio: Son disciplinados, organizados y estratégicos. Los INFJ son muy responsables, y se ciñen a los horarios. Les gusta prepararse y planificar con antelación.

Personalidad de los INTJ - La mente maestra

La gente con este tipo de personalidad, como los introvertidos, son reservados, cómodos y tranquilos cuando están solos. Los introvertidos son normalmente autosuficientes, y prefieren trabajar solos que en grupo. Los INTJ viven en un mundo lleno de estrategia, análisis e ideas.

I - Introvertido: Autosuficiente, tranquilo y reservado. Su energía se agota al socializar. Así que tienden a estar cómodos cuando están solos. Procesan sus pensamientos internamente. Necesitan tiempo para estar solos para recargarse.

N - Intuitivo: Introspectivo, imaginativo y creativo. Son perfectos para analizar temas complejos. Se centran principalmente en el futuro más que en el presente. Confían en sus instintos.

T - Pensamiento: Los INTJ toman decisiones basadas principalmente en la lógica y no en sus emociones. Se rigen por su cabeza y no por su corazón. Están muy preocupados por los hechos verdaderos en lugar de proteger las emociones de otras personas.

J - Juicio: Son disciplinados, organizados y estratégicos. Los INTJ son muy responsables, y se ciñen a los horarios. Les gusta prepararse y planificar con antelación.

Personalidad de los ENFJ - El que da

Estos se centran en las personas. Los ENFJ son carismáticos, francos, idealistas, extrovertidos, éticos, y de altos principios, y entienden cómo conectarse e interactuar con otras personas sin importar su personalidad o antecedentes. Realmente confían en sus sentimientos e intuición; viven una vida llena de imaginación más que en el mundo real. En lugar de que los ENFJ se concentren en vivir en el "ahora" y en lo que está sucediendo actualmente, tienden a centrarse en lo abstracto y en lo que podría suceder en el futuro posiblemente.

E - Extrovertido: A este tipo de gente le gusta estar cerca de la gente. Tienen altos niveles de energía y son muy activos. A los ENFJ les gusta tomar la iniciativa. Son entusiastas y extrovertidos. Tienden a hablar más que a escuchar.

N - Intuitivo: Introspectivo, imaginativo y creativo. Son perfectos para analizar temas complejos. Se centran principalmente en el futuro más que en el presente. Confían en sus instintos.

F - Sentido: Los ENFJ tienden a hacer uso de sus criterios subjetivos, valores y sentimientos cuando están tomando decisiones. En su mayoría se rigen por sus corazones y no por la cabeza. Tienen mucho tacto, empatía y diplomacia. Los ENFJ están motivados principalmente por la apreciación, y prefieren evitar conflictos y discusiones con otros.

J - Juicio: Son disciplinados, organizados y estratégicos. Los ENFJ son muy responsables, y se apegan a los horarios. Les gusta prepararse y planificar con antelación.

Personalidad de los ISTP - El Artesano

Son personas muy misteriosas que normalmente son lógicas y bastante racionales, pero también son entusiastas y espontáneas. Los ISTP a menudo tienen la capacidad de hacer observaciones humorísticas y perspicaces sobre el universo que los rodea. Los rasgos de los ISTP son menos fáciles de reconocer que otros tipos de personalidad, incluso para aquellos que conocen muy bien los rasgos no pueden a menudo anticipar sus reacciones. Las personas con personalidad tipo ISTP, en el fondo son impredecibles, espontáneas, pero tienden a ocultar los rasgos del mundo exterior, a menudo con más éxito.

I - Introvertido: Autosuficiente, tranquilo y reservado. Su energía se agota al socializar. Así que tienden a estar cómodos cuando están solos. Procesan sus pensamientos internamente. Necesitan tiempo para estar solos para recargarse.

S - Sentido: Conocen, confían en los hechos, detalles, especificidades, realidades presentes y experiencias pasadas. Los ISTP son a menudo pragmáticos, observadores y realistas. Viven en el aquí y el ahora.

T - Pensamiento: Los ISTP toman decisiones basadas principalmente en la lógica y no en sus emociones. Se rigen por su cabeza y no por su corazón. Están muy preocupados por los hechos verdaderos en lugar de proteger las emociones de otras personas.

P - Perceptores: Manteniendo las opciones abiertas, prefiriendo la espontaneidad y la flexibilidad. Los ISTP son muy adaptables, y van con la corriente. Son juguetones y son menos conscientes del tiempo. Prefieren comenzar un proyecto, y cuestionan la necesidad de muchas reglas.

Personalidad de los ESFJ - El Proveedor

Una persona con este tipo de personalidad es un estereotipo extrovertido. Los ESFJ son como mariposas sociales; su impulso de socializar con la gente y hacerla feliz a menudo termina haciendo a los ESFJ muy populares. Los ESFJ tienden a ser héroes deportivos o animadores en la universidad o en la escuela secundaria. Este es un tipo de personalidad muy común y que es amada por muchas personas.

E - Extrovertido: A este tipo de gente le gusta estar cerca de la gente. Tienen altos niveles de energía y son muy activos. A los ESFJ les gusta tomar la iniciativa. Son entusiastas y extrovertidos. Tienden a hablar más que a escuchar.

S - Sentido: Conocen, confían en los hechos, detalles, especificidades, realidades presentes y experiencias pasadas. Los ESFJ son a menudo pragmáticos, observadores y realistas. Viven en el aquí y el ahora.

F - Sentir: Los ESFJ tienden a hacer uso de sus criterios subjetivos, valores y sentimientos cuando están tomando decisiones. En su mayoría se rigen por sus corazones y no por la cabeza. Tienen mucho tacto, empatía y diplomacia. Los ESFJ están mayormente motivados por la apreciación, y prefieren evitar conflictos y discusiones con otros.

J - Juicio: Son disciplinados, organizados y estratégicos. Los ESFJ son muy responsables, y se apegan a los horarios. Les gusta prepararse y planificar con antelación.

Personalidad de los INFP - El idealista

Los INFP son bastante reservados. Los PNI prefieren no hablar de sí mismos, sobre todo en su primera interacción con una persona nueva. A los INFP les encanta pasar la mayor parte de su tiempo a solas en un ambiente muy tranquilo donde pueden entender lo que está pasando a su alrededor. A las personas con este tipo de personalidad les gusta estudiar los símbolos y señales. Consideran que los símbolos y señales son metáforas que tienen definiciones más profundas que están asociadas con la vida. Los INFP, la mayor parte del tiempo, se pierden en sus sueños e imaginaciones; a menudo se sumergen en la profundidad de sus ideas, pensamientos y fantasías.

I - Introvertido: Autosuficiente, tranquilo y reservado. Su energía se agota al socializar. Así que tienden a estar cómodos cuando están solos. Procesan sus pensamientos internamente. Necesitan tiempo para estar solos para recargarse.

N - Intuitivo: Introspectivo, imaginativo y creativo. Son perfectos para analizar temas complejos. Se centran principalmente en el futuro más que en el presente. Confían en sus instintos.

F - Sentir: Los INFP tienden a hacer uso de sus criterios subjetivos, valores y sentimientos cuando están tomando decisiones. En su mayoría se rigen por sus corazones y no por la cabeza. Son muy discretos, empáticos y diplomáticos. Los INFP están motivados principalmente por la apreciación, y prefieren evitar conflictos y discusiones con otros.

P - Perceptores: Manteniendo las opciones abiertas, prefiriendo la espontaneidad y la flexibilidad. Los INFP son muy adaptables, y van con la corriente. Son juguetones y son menos conscientes del tiempo. Prefieren comenzar un proyecto, y cuestionan la necesidad de muchas reglas.

Personalidad de los ESFP - El artista

Los artistas tienen un rasgo de personalidad observadora, perceptiva, sentimental y extrovertida y a menudo se les considera buenos animadores. Han nacido para estar frente a otras personas y para capturar el escenario; este grupo ama el centro de atención. Son personas con técnicas interpersonales muy fuertes. Los ESFP son divertidos y animados, y disfrutan de ser el epítome de la atención. Los ESFP son comprensivos, generosos, preocupados, amigables y cálidos hacia el bienestar de otras personas.

E - Extrovertido: A este tipo de gente le gusta estar cerca de la gente. Tienen altos niveles de energía y son muy activos. A los ESFP les gusta tomar la iniciativa. Son entusiastas y extrovertidos. Tienden a hablar más que a escuchar.

S - Sentido: Conocen, confían en los hechos, detalles, especificidades, realidades presentes y experiencias pasadas. Los ESFP son a menudo pragmáticos, observadores y realistas. Viven en el ahora y el aquí.

F - Sentir: Los ESFP tienden a hacer uso de sus criterios subjetivos, valores y sentimientos cuando están tomando decisiones. En su mayoría se rigen por sus corazones y no por la cabeza. Son muy discretos, empáticos y diplomáticos. Los ESFP están motivados principalmente por la apreciación, y prefieren evitar conflictos y discusiones con otros.

P - Percibiendo: Manteniendo las opciones abiertas, prefiriendo la espontaneidad y la flexibilidad. Los ESFP son muy adaptables, y van con la corriente. Son juguetones y son menos conscientes del tiempo. Prefieren comenzar un proyecto, y cuestionan la necesidad de muchas reglas.

Personalidad de los ENFP - El Campeón

Los Campeones tienen una personalidad intuitiva, perceptiva, sentimental y extrovertida. Los ENFP son altamente individualistas, y tienden a impulsar la construcción de sus propios hábitos, miradas, ideas, acciones y métodos - los campeones no aman a los individuos que se cortan con galletas y odian cuando se les obliga a vivir en una caja diminuta. Los ENFP tienden a estar cerca de la gente, y tienen una naturaleza muy fuerte e intuitiva cuando se trata de otros y de ellos mismos. Los ENFP tienden a operar desde sus emociones la mayor parte del tiempo, y son muy reflexivos y perceptivos.

E – Extrovertido: A este tipo de gente le gusta estar cerca de la gente. Tienen altos niveles de energía y son muy activos. A los ENFP les gusta tomar la iniciativa. Son entusiastas y extrovertidos. Tienden a hablar más que a escuchar.

N - Intuitivo: Introspectivo, imaginativo y creativo. Son perfectos para analizar temas complejos. Se centran principalmente en el futuro más que en el presente. Confían en sus instintos.

F - Sentir: Los ENFP tienden a hacer uso de sus criterios subjetivos, valores y sentimientos cuando están tomando decisiones. En su mayoría se rigen por sus corazones y no por la cabeza. Son muy discretos, empáticos y diplomáticos. Los ENFP están mayormente motivados por la apreciación, y prefieren evitar conflictos y discusiones con otros.

P - Perceptores: Manteniendo las opciones abiertas, prefiriendo la espontaneidad y la flexibilidad. Los ENFP son muy adaptables, y van con la corriente. Son juguetones y son menos conscientes del tiempo. Prefieren comenzar un proyecto y cuestionar la necesidad de muchas reglas.

Personalidad de los ESTP - El hacedor

Los Hacedores se rigen por la necesidad de emociones, compromisos sociales y sentimientos, razonamiento y procesamiento lógico, junto con la necesidad de una libertad total. Los resúmenes y las teorías no los mantienen interesados por mucho tiempo. Las personas con este tipo de personalidad tienden a saltar antes de mirar, reparando sus defectos a medida que pasan, en lugar de preparar planes de contingencia o quedarse sentados sin hacer nada.

E - Extrovertido: A este tipo de gente le gusta estar cerca de la gente. Tienen altos niveles de energía y son muy activos. A los ESTP les gusta tomar la iniciativa. Son entusiastas y extrovertidos. Tienden a hablar más que a escuchar.

S - Sentido: Conocen, confían en los hechos, detalles, especificidades, realidades presentes y experiencias pasadas. Las ESTP son a menudo pragmáticas, observadoras y realistas. Viven en el aquí y el ahora.

T - Pensamiento: Los ESTP toman decisiones basadas principalmente en la lógica y no en sus emociones. Se rigen por su cabeza y no por su corazón. Están muy preocupados por los hechos verdaderos en lugar de proteger las emociones de otras personas.

P - Perceptores: Mantiene las opciones abiertas, prefiere la espontaneidad y la flexibilidad. Los ESTP son muy adaptables, y van con la corriente. Son juguetones y son menos conscientes del tiempo. Prefieren comenzar un proyecto y cuestionar la necesidad de muchas reglas.

Personalidad de los ENTJ - El Comandante

Su principal propósito de vida se concentra en las áreas externas, y todos sus asuntos se tratan de manera lógica y racional. Su propósito secundario de la operación es más interno, donde el razonamiento y la intuición toman el centro de atención. Son líderes natos, y les gusta estar al mando. Los comandantes viven en un mundo lleno de oportunidades, y normalmente ven los obstáculos y dificultades como grandes oportunidades para seguir adelante. Este tipo de personalidad parece tener un don natural para la toma de decisiones, el liderazgo, y la consideración de ideas y opciones de forma rápida, pero con gran cuidado.

E - Extrovertido: A este tipo de gente le gusta estar cerca de los demás. Tienen altos niveles de energía y son muy activos. A los ENTJ les gusta tomar la iniciativa. Son entusiastas y extrovertidos. Tienden a hablar más que a escuchar.

N - Intuitivo: Introspectivo, imaginativo y creativo. Son perfectos para analizar temas complejos. Se centran principalmente en el futuro más que en el presente. Confían en sus instintos.

T - Pensamiento: Los ENTJ toman decisiones basadas principalmente en la lógica y no en sus emociones. Se rigen por su cabeza y no por su corazón. Están muy preocupados por los hechos verdaderos en lugar de proteger las emociones de otras personas.

J - Juicio: Son disciplinados, organizados y estratégicos. Los ENTJ son muy responsables, y se apegan a los horarios. Les gusta prepararse y planificar con antelación.

Personalidad de los INTP - El pensador

Los pensadores son conocidos en su sociedad y en la vida diaria, sus excelentes teorías y su lógica implacable que tiene sentido ya que los INTP son posiblemente la mente más lógica de todos los tipos de personalidad. A los INTP les encantan los patrones, y tienen un ojo muy agudo para captar las discrepancias, y una perfecta capacidad para analizar a la gente, lo que hace que no sea una buena idea mentirle a una persona del tipo INTP. Este tipo de personas no están interesadas en las actividades diarias, pero encuentran un ambiente donde su potencial creativo y su genio pueden ser mostrados, no hay límite de tiempo ni energía que gasten en mejorar la solución sin prejuicios y muy perspicaz.

I - Introvertido: Autosuficiente, tranquilo y reservado. Su energía se agota al socializar. Así que tienden a estar cómodos cuando están solos. Procesan sus pensamientos internamente. Necesitan tiempo para estar solos para recargarse.

N - Intuitivo: Introspectivo, imaginativo y creativo. Son perfectos para analizar temas complejos. Se centran principalmente en el futuro más que en el presente. Confían en sus instintos.

T - Pensando: Los INTP toman decisiones basadas principalmente en la lógica y no en sus emociones. Se rigen por su cabeza y no por su corazón. Están muy preocupados por los hechos verdaderos en lugar de proteger las emociones de otras personas.

P - Perceptores: Mantienen las opciones abiertas, prefieren la espontaneidad y la flexibilidad. Los INTP son muy adaptables, y van con la corriente. Son juguetones y son menos conscientes del tiempo. Prefieren comenzar un proyecto, y cuestionan la necesidad de muchas reglas.

Personalidad de los ISFJ - El Criador

Los Nutricionistas son filántropos; a menudo están dispuestos a devolver y retribuir la generosidad con más generosidad. Son de buen corazón y cálidos. Los cuidadores tienen valor para la cooperación y la paz y es probable que sean más sensibles cuando se trata de las emociones y sentimientos de otras personas. Mucha gente tiene un gran valor del tipo de personalidad de ISFJ por su conciencia y consideración y su capacidad de sacar lo mejor de otras personas.

I - Introvertido: Autosuficiente, tranquilo y reservado. Su energía se agota al socializar. Así que tienden a estar cómodos cuando están solos. Procesan sus pensamientos internamente. Necesitan tiempo para estar solos para recargarse.

S - Sentido: Conocen, confían en los hechos, detalles, especificidades, realidades presentes y experiencias pasadas. Los FISJ son a menudo pragmáticos, observadores y realistas. Viven en el aquí y el ahora.

F - Sentir: Los ISFJ tienden a hacer uso de sus criterios subjetivos, valores y sentimientos cuando están tomando decisiones. Se rigen principalmente por sus corazones y no por la cabeza. Son muy discretos, empáticos y diplomáticos. Los ISFJ están motivados principalmente por la apreciación, y prefieren evitar conflictos y discusiones con otros.

J - Juicio: Son disciplinados, organizados y estratégicos. Los ISFJ son muy responsables, y se apegan a los horarios. Les gusta prepararse y planificar con antelación.

Personalidad de los ENTP - El visionario

Este es uno de los tipos de personalidad más raros del universo; esto es comprensible. Aunque los Visionarios son extrovertidos, los ENTP no disfrutan de las charlas, y puede que no tengan éxito en la interacción social, particularmente en aquellas que pueden involucrar a personas muy diferentes del tipo ENTP. Los visionarios son muy conocedores e inteligentes. Requieren una motivación constante. Los ENTP pueden discutir hechos y teorías con mucho detalle. Los ENTP son objetivos, racionales y lógicos en cuanto a la forma en que abordan los argumentos y la información

E - Extrovertido: A este tipo de gente le gusta estar cerca de la gente. Tienen altos niveles de energía y son muy activos.

A los ENTP les gusta tomar la iniciativa. Son entusiastas y extrovertidos. Tienden a hablar más que a escuchar.

N - Intuitivo: Son introspectivos, imaginativos y creativos. Son perfectos para analizar temas complejos. Se centran principalmente en el futuro más que en el presente. Confían en sus instintos.

T - Pensando: Los ENTP toman decisiones basadas principalmente en la lógica y no en sus emociones. Se rigen por su cabeza y no por su corazón. Están muy preocupados por los hechos verdaderos en lugar de proteger las emociones de otras personas.

P - Perceptores: Mantienen las opciones abiertas, prefieren la espontaneidad y la flexibilidad. Las ENTP son muy adaptables, y van con el flujo. Son juguetones y son menos conscientes del tiempo. Prefieren comenzar un proyecto y también cuestionan la necesidad de muchas reglas.

Personalidad de los ISFP - El compositor

Los compositores son introvertidos, pero no parecen introvertidos. Esto es así porque cuando tienen desafíos para conectarse con otros al principio, tratan de ser amigables, accesibles y cálidos al final. Los ISFP son divertidos de estar en su compañía y bastante espontáneos, eso los hace el compañero apropiado para estar dentro de cualquier actividad, sin importar si la actividad está planeada o no. Este tipo de personas siempre desean vivir su vida personal al máximo y siempre abrazarán el presente, por lo que se aseguran de salir a menudo a descubrir nuevas experiencias y desafíos. Es a partir de las experiencias que aprovechan su sabiduría, por lo que ven un gran valor en la interacción con nuevas personas que los otros introvertidos.

I - Introvertido: Autosuficiente, tranquilo y reservado. Su energía se agota al socializar. Así que tienden a estar cómodos cuando están solos. Procesan sus pensamientos internamente. Necesitan tiempo para estar solos para recargarse.

S - Sentido: Conocen, confían en los hechos, detalles, especificidades, realidades presentes y experiencias pasadas. Los ISFP son a menudo pragmáticos, observadores y realistas. Viven en el aquí y el ahora.

F - Sentir: Los ISFP tienden a hacer uso de sus criterios subjetivos, valores y sentimientos cuando están tomando decisiones. En su mayoría se rigen por sus corazones y no por la cabeza. Son muy discretos, empáticos y diplomáticos. Los ISFP están motivados principalmente por la apreciación, y prefieren evitar conflictos y discusiones con otros.

P - Perceptores: Mantienen las opciones abiertas, prefieren la espontaneidad y la flexibilidad. Los ISFP son muy adaptables, y van con la corriente. Son juguetones y son menos conscientes del tiempo. Prefieren comenzar un proyecto y cuestionar la necesidad de muchas reglas.

Importancia de comprender y reconocer los diferentes tipos de personalidad

- Te ayuda a conocer tus preferencias. Cada uno tiene sus elecciones personales de tipo psicológico, y operar dentro de estas elecciones típicamente te permite ser más efectivo, eficiente, y estar más cómodo. Al contrario, cuando operas fuera de estos límites, necesitarás usar más tiempo y energía, lo que resultará en una baja calidad de trabajo.

- Evita los conflictos. Reconocer y comprender tu tipo de personalidad puede ayudarte a difundir los conflictos incluso antes de que surjan.

- Encontrar una carrera apropiada. Tu tipo de personalidad juega un papel importante en si eres apto para una profesión en particular, lo bien que realizas tus tareas diarias, e incluso tu satisfacción laboral en general.

- Aprecia la diversidad. Hay que reconocer y comprender tu tipo de personalidad y cómo se diferencia del resto y de aquellos con los que interactúas. Te da un gran aprecio por la diversidad y lo que añade a tu empresa, trabajo, entorno y equipo.

- Mejora la capacidad de tomar decisiones. La forma en que tomas decisiones se basa principalmente en tu intuición frente a la preferencia de los sentidos. Si eres un individuo sensible, es probable que sientas una situación antes de tomar una decisión.

Capítulo 7: Psicología del comportamiento humano

El comportamiento humano es complejo y dinámico, y esto implica que el comportamiento de un individuo depende de múltiples factores, incluyendo el medio ambiente, la genética, por ejemplo, el nivel de educación y la edad, entre otros. Cuando se analiza el comportamiento humano desde una perspectiva psicológica, el comportamiento humano implica todo el espectro de comportamientos emocionales y físicos en los que participan los seres humanos, tales como acciones biológicas, sociales e intelectuales, así como también la forma en que son influenciados por la cultura, las actitudes, la relación, la ética y la genética, entre otros factores. De esta manera, el comportamiento humano es una compleja interacción de emociones, acciones y cognición.

Relativamente, ya que las acciones abarcan todo lo que se puede ver, entonces las acciones son un componente del comportamiento. Por ejemplo, las acciones pueden ser capturadas a través de los ojos o de los sensores fisiológicos. Una acción se refiere a la transición de un estado a otro. Estas acciones ocurren en diferentes instancias temporales como la activación muscular para dormir, la actividad de las glándulas sudoríparas o el consumo de alimentos. Considerando la cognición como comportamiento, esta describe las imágenes y pensamientos mentales que uno lleva consigo y puede ser tanto verbal como no verbal. La cognición verbal puede incluir afirmaciones como "tengo que lavar mi ropa" y, por otro lado, la no verbal puede incluir la imaginación de cómo se verá el proyecto después de volver a trabajar en él. Por lo tanto, las habilidades y el conocimiento al comprender cómo desplegar herramientas de manera beneficiosa, como vocalizar canciones, constituyen cogniciones.

Asimismo, las emociones pueden verse como comportamiento y se consideran como una experiencia consciente comparativamente corta definida por una intensa actividad mental y un sentimiento que no se ve afectado ni por el conocimiento ni por el razonamiento. Como era de esperar, las emociones se manifiestan desde una escala de puntuación positiva a negativa. Una mayor excitación puede desencadenar otros aspectos de la fisiología que son reflejo del procesamiento emocional, como el aumento de la tasa de respiración. Como tales, las emociones solo pueden inferirse indirectamente, de manera muy parecida a la cognición mediante la vigilancia de las expresiones faciales y la monitorización de la excitación, entre otros.

Visión psicológica del comportamiento

El modelo de inversión se refiere a contemplar el comportamiento humano en forma de esfuerzo de trabajo dirigido a crear un cambio. Por ejemplo, si Richard va a ver una película en el teatro local, entonces el hecho de ir a ver la película es una forma de inversión. De esta manera, la necesidad de obtener el resultado deseado motiva un comportamiento humano específico. Si Richard llega a conocer a otros fans y se siente feliz, entonces esto puede ser considerado como el retorno de esta inversión. Al igual que cualquier otra forma de inversión, el comportamiento humano se produce cuando se tiene en cuenta el análisis de costo-beneficio del resultado deseado. En el caso de Richard, él tiene que considerar el tiempo, las calorías, los riesgos y los costos de oportunidad de ir a ver el partido en el estadio local.

Se puede argumentar que la motivación para invertir nuestras acciones en un comportamiento específico parece emanar de influencias evolutivas que nos hacen priorizar la alimentación, el sexo, el territorio, la comida, y el estatus social más alto sobre otros estados de cosas. Asimismo, también los rasgos de comportamiento particulares, como los temperamentos y las disposiciones. Por ejemplo, los individuos extrovertidos encuentran que las situaciones sociales estimulantes son más contenciosas en comparación con las personas introvertidas. El historial de aprendizaje de una persona influye en el sistema de valores de inversión en este contexto. Una ilustración de este concepto es cuando un individuo al que le gustó la primera temporada de la serie de televisión "Blind Spot" es probable que esté ansioso por ver la segunda temporada de esa serie de televisión en particular.

Otra ilustración del modelo de inversión en el comportamiento humano es donde se está sentado en el sofá viendo las noticias cuando el anuncio de una galleta activa en la persona el deseo de servir un vaso de leche. El individuo tuvo un largo día y se siente agotado. En la mente del individuo, él o ella calcula el análisis de costo-beneficio de tener que levantarse y servirse un vaso de leche. Al final, el impulso de ir a buscar un vaso de leche a la nevera gana. Sin embargo, una rápida mirada en el refrigerador muestra que la falta de leche hace que se eche un vistazo al basurero donde la persona nota que el recipiente de leche está vacío. Entonces, el individuo se siente molesto porque su objetivo se ha interrumpido y la persona piensa en ir a la tienda a buscar la leche, pero el análisis de costo-beneficio indica que la persona gastará mucho tiempo y esfuerzo para conseguir la leche, por lo que deja de lado esa idea. Al final, el individuo se asienta en un vaso de jugo de naranja con una leve sensación de molestia.

Como tal, el modelo de inversión para entender el comportamiento humano ve las conductas como un esfuerzo de trabajo comprometido con la realización de un resultado particular. Los costos del comportamiento humano en forma de tiempo y energía computados en forma de beneficios y costos. El comportamiento humano es en gran medida un análisis de costo-beneficio según el modelo de inversión del comportamiento animal. Por ejemplo, la mayoría de los documentales de animales sobre el comportamiento de los animales puede ayudar a darse cuenta de cómo inherentemente los animales hacen el análisis de costo-beneficio. Tomemos el caso de los ñus en las llanuras de la sabana africana que necesitan beber agua y cruzar el río que está infestado de cocodrilos hambrientos. En este contexto, el agua y la hierba son escasos, y los ñus necesitan desesperadamente agua y hierba. Al mismo tiempo, los ñus tienen que estar atentos a los cocodrilos merodeadores que acechan bajo la superficie del agua listos para devorar a los ñus. Con el tiempo, los ñus tienen que invocar un modelo de comportamiento de inversión para maximizar la posibilidad de vivir, beber agua y cruzar el río para pastar. Según este modelo, la mayoría de los ñus se acercan cautelosamente al río, asegurándose de que se acercan a la orilla cuando beben agua que les permitiría replegarse esporádicamente al menor indicio de peligro.

Por consiguiente, el comportamiento humano es una forma de comercio con el medio ambiente. Las acciones de los seres humanos están preparadas para maximizar los beneficios del medio ambiente. La mente es un componente crítico del comportamiento, ya que almacena una historia de lo que tiene resultados deseados, así como computa el análisis de costo-beneficio antes de un acto. Se puede argumentar que el modelo de inversión del comportamiento afirma la suposición de que el comportamiento humano es consciente y bien pensado. Asimismo, las acciones conducen a oportunidades perdidas, y uno tiene que perseguir una acción que maximice los resultados deseados. Por ejemplo, si un animal pasa tiempo defendiendo un territorio, perderá la oportunidad de encontrar comida.

El comportamiento de los seres humanos puede ser considerado desde el entendimiento de que los seres humanos son animales sociales. El comportamiento humano ocurre en el contexto de una matriz social. Una influencia social implica las acciones que influyen en la inversión de otra persona. Por ejemplo, cuando Richard iba al cine, ¿le pidió salir a su novia o la novia le pidió salir a él? En la mayoría de los casos, los procesos de influencia social implican cooperación y si las transacciones acercan a las personas o las alejan. La influencia social también se manifiesta como un recurso. Como recurso, la influencia social se refiere a la capacidad de mover a otras personas en línea con nuestros intereses. La influencia social en este contexto se refiere a los niveles de valor social y de respeto que otras personas nos muestran y al grado en que escuchan, se preocupan por nuestro bienestar y están dispuestos a sacrificarse por nosotros. Por ejemplo, si Richard se siente atraído por su novia, y acepta ir al cine con ella, entonces, esto es un indicador de la influencia social como recurso. La ruptura de la novia con Richard es un potente indicador de la pérdida de influencia social.

En la misma medida, la influencia social está marcada por la cantidad de atención de otras personas. De acuerdo con este entendimiento, las acciones de una persona buscarán atraer la atención de la gente o mantener esta atención. Probablemente, tiene colegas o figuras públicas que actúan constantemente para atraer y mantener la admiración de otras personas. A nivel personal, es probable que una persona actúe de manera que invite a la admiración de colegas, amigos y otras personas. El comportamiento y la probable conducta de un individuo puede resultar que optimice la admiración de los demás.

Además, dentro del modelo de influencia social del comportamiento humano, es probable que los individuos actúen de una manera que invite a las emociones más positivas que las emociones negativas de los demás. En cierto modo, la necesidad de atraer más emociones positivas de los demás está relacionada con la atracción de la admiración de los demás, pero está muy relacionada con la inteligencia emocional. Solo se puede aumentar la probabilidad de obtener una reacción emocional positiva de los demás si se dispone de los niveles de inteligencia emocional necesarios. Por medio de la inteligencia emocional, uno aprende a mostrar empatía y a prestar atención a cómo se sienten los demás. Con este telón de fondo, es probable que el comportamiento humano sea reactivo a cómo se sienten los demás, o es probable que sea muy considerado con los demás para la motivación de atraer emociones positivas de ellos.

No menos importante es el grado en que los demás sacrificarán sus intereses por el bien de otra persona como marca de influencia social. Las personas con una fuerte influencia social tendrán decenas o miles de personas dispuestas a sacrificar sus intereses por el bien de la persona. El comportamiento del individuo con gran influencia social es probable que tenga en cuenta que hay decenas o miles de personas que están dispuestas a renunciar a sus intereses por el bien de la figura influyente. Por otro lado, los seguidores de la gente influyente es probable que tomen las acciones del individuo como guía o mensaje de cómo se debe actuar y vivir.

En la mayoría de los casos, el comportamiento humano requiere de justificaciones que lo legitimen. Por ejemplo, cuando se grita a alguien, hay posibilidades de que uno califique el comportamiento declarando que se ha molestado. Para llegar a la justificación, uno evalúa el comportamiento y el resultado ideal. Por ejemplo, el resultado ideal puede haber atraído la admiración de otros, pero uno termina avergonzándose en público. Se espera que el individuo se sienta enojado no solo por no lograr la reacción ideal del público, sino también por degradar el status quo. En este estado, el individuo justificará el subsiguiente comportamiento indeseado llamando la atención sobre la decepción que tuvo antes.

Con el ejemplo de Richard y la película, Richard puede haber sentido justificado hacer que su novia lo acompañe a la película y permitir que la novia muestre el romance por esto que hacen los amantes. La justificación de su comportamiento y el de la novia emana de la observación y los patrones aprendidos de lo que hacen los amantes y no necesariamente, de cómo se siente cada uno de ellos individualmente. La justificación del comportamiento puede ser simplemente lo que hacen los demás, y así el individuo está obligado a emularlo. Intenta observar los procedimientos de la corte para darte cuenta de cómo la gente le da un valor significativo a la justificación de su comportamiento.

A nivel organizacional, las organizaciones han invertido significativamente en la evaluación del comportamiento humano durante las etapas de reclutamiento y también en la evaluación de los trabajadores. El comportamiento humano es complejo, y las organizaciones buscan tener la mejor apuesta en el reclutamiento y retención de trabajadores predecibles. La mayoría de los tests de personalidad administrados durante los procesos de contratación y evaluación tienen como objetivo ayudar a perfilar a los trabajadores y tener una visión previsible de cómo puede comportarse cada uno de ellos. Ha habido intentos de determinar una fórmula para el comportamiento humano como un sistema simple, pero se ha concluido satisfactoriamente que el comportamiento humano es dinámico.

Capítulo 8: Cómo detectar una mentira

El engaño ocurre cuando tus palabras y tu lenguaje corporal no se alinean. Así es como los mentirosos a menudo son atrapados. Las mentiras destruyen una relación más rápido que cualquier otra cosa. Todo lo que se necesita es una pequeña mentira para que todo lo que has trabajado duro por construir se caiga al suelo. Una vez que el lazo de confianza entre dos personas se ha roto, no se puede volver a lo que era antes. Como un pedazo de papel blanco que está arrugado, ninguna cantidad de enderezamiento podría restaurar ese papel a la hoja blanca y lisa que una vez fue. El papel es tu relación, y el acto de arrugarlo es una mentira.

El dolor, la tristeza, los sentimientos de traición que puede causar una mentira son algunas de las razones reales por las que deberías aprender a analizar y detectar cuando alguien puede estar mintiéndote. Para protegerte del posible daño que puedas experimentar. Esta necesidad es aún mayor antes de comenzar cualquier tipo de relación romántica. Una vez que te resulta difícil confiar en alguien, formar un vínculo significativo con esa persona se vuelve casi imposible.

El problema es que todos somos culpables de más de una mentira. Hemos dicho múltiples mentiras a lo largo de nuestras vidas hasta ahora, y seguiremos mintiendo mientras vivamos. Esa es la realidad de la situación. Por mucho que nos gustaría decir la verdad todo el tiempo, simplemente no es posible, y la vida es más compleja que eso.

La psicología detrás de una mentira

Las mentiras son algo poderoso. Incluso una pequeña mentira blanca puede tener consecuencias perjudiciales si se sale de control. El mismo acto de mentir ha sido responsable de destruir relaciones, causando más problemas de los que valen, y dañando la reputación más allá del punto de reparación. Para decir una mentira, debe haber dos personas involucradas. Una es el impostor, que es la persona que dice la mentira. La segunda es la que está siendo embaucada, que es la persona a la que se le dice la mentira. Una mentira tiene lugar cuando el impostor comunica intencionadamente la información errónea.

Todo el mundo se encontrará en cualquiera de los dos roles en un momento u otro. Un psicólogo de la Universidad de

Virginia incluso llevó a cabo un estudio que reveló que la mentira era una condición de la vida y que la mayoría de la gente mentía al menos una (si no dos) veces al día. Tanto hombres como mujeres lo hicieron, y en ciertas relaciones, las mentiras y el engaño se experimentan en un grado aún mayor. Como la relación entre padres y adolescentes, por ejemplo. Cuando un adolescente no quiere meterse en problemas, recurrirá a la mentira y a ocultar la verdad. A menos que los padres sean expertos en la lectura del lenguaje corporal, muchas de estas mentiras a menudo no se captan.

Nadie quiere ser atrapado en una mentira. Descubrir que la gente que amamos nos mintió es dolorosa y desgarradoramente decepcionante. Ser atrapados en una mentira en el trabajo daña nuestra reputación profesional y nuestra buena reputación. Sin embargo, lo hacemos de todos modos. Algunos escenarios donde la mentira puede ocurrir - ya sea por necesidad o porque quieren - incluyen:

- Cuando se hace habitualmente.

- Cuando se hace por cortesía (por ejemplo, no querer cargar a otros con tus problemas diciéndoles que estás "bien" cuando no lo estás).

- Cuando se hace para desviar la atención de uno mismo.

- Cuando se "espera" que mientas, como dentro de un marco legal (negación plausible).

¿Por qué mentimos?

Porque no podemos evitarlo. Desafortunadamente, la mentira se ha convertido en parte de lo que somos como especie. Se ha convertido casi en una segunda naturaleza para nosotros el tratar de ocultar la verdad cuando sentimos que hay una necesidad de ello. La usamos para sacarnos de situaciones incómodas. Mentimos para fortalecer las relaciones para nuestro beneficio. Mentimos para ser amables y para no herir los sentimientos de alguien, y mentimos para no meternos en problemas. Mentir se ha convertido en una especie de mecanismo de supervivencia, y es por eso que los humanos siempre serán propensos a decir una mentira.

Señales indicativas de una mentira

Expresiones faciales. Serán tu mayor comprensión de lo honesta que es una persona al estar contigo. La cara es incapaz de decir una mentira debido a las emociones conflictivas que ocurren dentro de nosotros cuando una mentira está ocurriendo. Hay ciertos individuos, sin embargo, te has vuelto hábil para mentir que son mucho más difíciles de detectar a menos que sepas lo que estás buscando. Políticos, abogados, personalidades de la televisión, actores y sí, los mentirosos profesionales (existe tal cosa) han perfeccionado y refinado sus gestos de lenguaje corporal tan bien que hacen que uno vuelva a adivinar sus sospechas. Podrían mirarte a los ojos y decir una mentira sin siquiera parpadear.

Para el resto de nosotros, lograr una mentira convincente no es tan simple como puede parecer cuando estás ocupado tratando de decir una mentira, ciertos pensamientos pueden estar pasando por tu mente simultáneamente. Son estos pensamientos los que se muestran por una fracción de segundo en tu cara. Esto es lo que te delata, la emoción de una fracción de segundo que revela la forma en que realmente te sientes.

Una mentira podría haber sido perfectamente ejecutada si, una vez más, nuestros cuerpos no nos delataran. Algunas personas son tan terriblemente mentirosas que las señales son más que obvias. Otros son mejores para mantener la verdad oculta, pero no lo suficientemente buenos para engañar al cuerpo para que coopere. Entonces, ¿cómo lo hacen esos pocos individuos selectos? ¿Cómo se las arreglan para engañar a sus cuerpos para que aparentemente cooperen? Con la práctica. Han practicado lo que creen que deberían ser las claves correctas del lenguaje corporal para que sus mentiras suenen convincentes, y practican minimizar sus gestos, forzándose a mantener sus cuerpos calmados y neutrales cuando están mintiendo. No es fácil, pero ciertamente se puede hacer con mucha práctica.

¿Cómo se detecta la deshonestidad aparte de las expresiones faciales? Buscando los siguientes indicadores:

- Un destello de ira - ¿Un rápido destello de ira pasó por sus caras? ¿Un ligero fruncimiento de ceño, estrechamiento de los ojos, tal vez incluso un ligero rizo de su labio superior en el momento en que intentas buscar la verdad? ¿Apretaron sus puños ligeramente o su mandíbula se apretó? Cuando una persona se pone a la defensiva cuando se le hace una pregunta, es una bandera roja que advierte de que algo está mal. Puede que hagan todo lo posible por ocultarlo, pero si observan las señales de ira en su cara mientras siguen preguntando, serán la pista que les indicará si esta persona no es tan honesta como parece. La mayoría de la gente no es consciente de que su cara está delatando el juego.

- La maniobra del tapabocas - Subconscientemente nuestro cerebro trata de decirnos que paremos las mentiras que salen de nuestras bocas. Tu cuerpo y tu mente saben que lo que dices no es verdad, por lo que algunas personas inadvertidamente ponen sus manos sobre su boca como un intento de "cubrirla". Algunos podrían incluso intentar disfrazar este gesto fingiendo toser. Los actores a menudo asumen este gesto cuando interpretan el papel de criminales en películas o programas de televisión.

- Frotar sus ojos - Frotar, frotar, frotar, parece que algo podría estar pasando. Este movimiento es exhibido por los hombres más que por las mujeres. Las mujeres tienden a tocar el área debajo del ojo en vez de frotarlo directamente. Su cerebro subconsciente trata de bloquear lo que percibe como engañoso o desagradable. Algunos mentirosos pueden recurrir a este movimiento cuando quieren evitar mirar a la persona directamente a los ojos, por razones obvias, por supuesto. Porque están mintiendo y no quieren ser atrapados (no darse cuenta de este gesto es delatarlos de todos modos).

- Toque de nariz - ¿Recuerdas cómo los expertos en lenguaje corporal podían saber cuando Bill Clinton mentía porque se tocaba la nariz cuando decía una mentira? Una persona podría tocarse la cara o la nariz porque es otra forma subconsciente de ocultar una mentira. Eso es porque el estrés del engaño también puede causar que la piel se enfríe y comience a picar o incluso a sonrojarse. Algunas personas pueden frotarse la nariz rápidamente. Otras pueden frotarse la nariz con un rápido movimiento que puede ser casi imperceptible. La investigación realizada por la Fundación de Investigación y Tratamiento del Olfato y el

Gusto reveló que cuando una persona miente, se libera una sustancia química conocida como catecolamina.

Esta sustancia química es entonces responsable de la hinchazón de la nariz, especialmente durante la mentira intencional. Esta es también la sustancia química que causa el aumento de la presión arterial de alguien. Cuando nuestra nariz se hincha gracias a la presión sanguínea, nos queda una sensación de "hormigueo" que resulta en un picor en la nariz, lo que explica por qué algunas personas se frotan enérgicamente la nariz cuando están acostadas.

Que la maniobra de tocar la nariz indique que alguien está mintiendo o no dependería del contexto. A veces pueden sentirse mal, o su nariz puede picar cuando ciertos elementos están presentes. ¿Cómo podemos notar la diferencia? Volvamos al análisis del testimonio de Bill Clinton sobre su aventura con Mónica Lewinsky. Obsérvenlo de cerca y notarán que Clinton rara vez se tocó la nariz cuando no estaba mintiendo.

Cuando lo hacía, fruncía un poco el ceño, que duraba solo una fracción de segundo, seguido de un rápido toque de nariz. ¿Así es como distingues entre alguien que está diciendo una mentira y alguien que tiene picazón en la nariz? Los que tienen una verdadera picazón en la nariz se rascan o frotan la nariz deliberadamente. ¿Y los mentirosos?

Sus gestos son más bien como ligeros o suaves golpes de nariz.

• Movimientos del punto de anclaje - Cuidado con los movimientos del punto de anclaje como los cambios en los brazos o incluso en los pies. ¿Ha empezado la persona de repente a dar golpecitos nerviosos con los pies? ¿O a sudar profusamente?

• Tirar de la oreja - Un mentiroso puede tirar o jalar suavemente de su oreja cuando se enfrenta a preguntas incómodas e indagatorias. Este gesto a veces se asocia con el acto de mentir, pero en otras ocasiones, podría ser indicativo de otras cosas. Este gesto también lo exhibe una persona que experimenta ansiedad. Una vez más, este movimiento dependería del contexto en el que se exhibe.

• Rascarse el cuello - Si un mentiroso no se está tirando de la oreja, se está rascando el cuello. En algunos casos, el individuo puede realizar ambos movimientos. Los mentirosos pueden ser atrapados rascándose el lado del cuello justo debajo del lóbulo de la oreja. Este gesto no solo se utiliza cuando alguien está diciendo una mentira, sino que también se muestra cuando se siente dudoso o inseguro sobre algo. Puede ser un signo muy revelador si va acompañado de señales verbales que contradigan este gesto. Por ejemplo, si una persona dice que sí, puedo entender de dónde proviene, pero lo acompaña de un rasguño en el cuello, esto podría ser un indicador de que no lo entiende, de hecho, y que solo está de acuerdo contigo por el hecho de hacerlo.

- Escuchar la negación - A veces, el análisis viene de escuchar lo que dicen, no siempre lo que hacen físicamente. Escuchar la negación directa hacia una acusación. Los mentirosos a menudo intentan justificarse a sí mismos y a sus acciones, tal vez incluso suenan indignados o francamente enojados de que estés tratando de acusarlos de ser deshonestos (aunque lo sean).

Capítulo 9: Cómo analizar el lenguaje corporal de otra persona

Es importante que puedas interpretar el lenguaje corporal de la otra persona con la que vas a trabajar. Cuanto mejor puedas leer este lenguaje corporal, mejor podrás analizar a la otra persona.

El lenguaje corporal va a ser muy importante cuando se trata del método que estás usando para comunicarte con otras personas. No obstante, la mayoría de nosotros no sabemos cómo funciona este lenguaje corporal, y nos perdemos muchas de las pistas que se nos envían. La buena noticia es que, aunque leer este lenguaje corporal no sea algo natural para ti, o si estás buscando los pasos a seguir para hacerlo más fácil, hay muchas cosas que puedes tener en cuenta para ayudarte.

Es difícil culpar a alguien por este tipo de impulso. No obstante, aunque podemos aprender mucho sobre la persona que estamos leyendo, es imposible saber siempre exactamente lo que siente porque le vemos cruzar los brazos, o porque ha tenido un tic en los labios.

Lo que puedes hacer aquí es medir el nivel de comodidad de la otra persona. Esto puede darte un poco más de conocimiento de lo que la persona está sintiendo, y te asegurará que te dirá algo a través de su lenguaje corporal.

Ahora que tenemos eso en mente, es hora de estar atentos a ciertas señales corporales cuando observamos a otra persona. La mayoría de las partes de nuestro cuerpo van a comunicarse con nosotros en silencio, una que, puede que no seamos tan conscientes. Lo siguiente que discutiremos en este capítulo le ayudará a conocer algunas de las diferentes señales corporales que debe observar. Esto te da una idea de cómo se siente la persona que está cerca de ti, pero siempre tenemos que recordar el paradigma de comodidad e incomodidad que estamos considerando también.

La cabeza y el rostro

Cuando estés aprendiendo más sobre el lenguaje corporal y las diferentes partes que vienen con la lectura, el primer lugar que vas a mirar es la cara y la cabeza. Verás que las expresiones faciales a veces pueden decirnos mucho sobre la otra persona, pero a veces, no van a ser tan honestas. Vamos a llegar al punto de saber cuál de las partes del cuerpo se considera más honesta la mayoría de las veces, pero estamos entrenados a una edad temprana para saber que las acciones específicas y las expresiones faciales se consideran buenas para las diferentes ocasiones. Esto es cierto tanto si nos sentimos así como si no. Esto significa que es fácil para nosotros falsificar estas expresiones faciales porque lo hemos estado haciendo durante mucho tiempo.

Una de las cosas más fáciles de aprender a hacer, por ejemplo, es la sonrisa falsa. Incluso con esta idea, a veces sigue siendo difícil de identificar cuando estamos viendo una sonrisa falsa. Según el Blog Internacional de Paul Ekman, las sonrisas falsas, las que hacemos sin importar cómo nos sentimos, pues se espera que en esa situación se hagan más a menudo solo con la boca. Es fácil levantar las esquinas de la boca para hacer esta sonrisa, y no se necesita mucho esfuerzo para lograrlo.

Lo que muchos de nosotros no sabemos es cuánto se involucran los ojos cuando se trata de una sonrisa adecuada. Una sonrisa falsa va a usar la boca y subirla. Pero cuando estamos trabajando con una sonrisa real, notarás cómo abarca toda la cara. Verás que los párpados, las cejas, y a veces, incluso toda la cabeza, van a aparecer junto con las esquinas de la boca.

Los labios fruncidos van a ser otro método que puedes usar para saber si alguien se está sintiendo más incómodo contigo. Esta es una expresión que los analistas van a señalar cada vez que un político está dando una confesión de alguna forma. En casos como los discursos de Eliot Spitzer y Anthony Weiner, puedes mirar atrás y ver que se les apretaron los labios, persiguiéndolos tanto que los labios casi no están ahí. Esta es una gran señal de que los dos estaban incómodos con la situación.

Estos son solo algunos de los gestos faciales que se pueden identificar fácilmente, y eso va a decir un poco acerca de lo que la otra persona está sintiendo. Sin embargo, como puedes imaginar, la cara puede contar muchas historias diferentes basadas en las emociones con las que estás lidiando.

Por supuesto, la cara no siempre es tan honesta. Hemos aprendido las acciones y los gestos que necesitamos representar en nuestra cara desde una edad temprana, y algunas personas son buenas en esto. Aunque puedes mirar la cara para tratar de entender un poco más a la persona con la que estás hablando, esto tampoco debería ser lo único que estás mirando. Otras señales de lenguaje corporal marcarán la diferencia en el mensaje total que obtendrás de esto.

Los brazos

En muchos casos, los brazos serán usados como una forma de expresarse. Muchos gestos individuales pueden ser entrenados o enseñados con el tiempo (un ejemplo de esto es no señalar a las personas), pero hay dos aspectos más útiles del movimiento de las manos y los brazos que hay que tener en cuenta. Estos incluyen el espacio que ocupan los brazos y las manos y la altura a la que llegan.

Si ves que los gestos parecen casi desafiar la gravedad porque son tan grandes y fuera de lo común, entonces a menudo se verán como positivos, esto es porque cuando nos interesamos, nos emocionamos o nos alegramos, levantamos la cabeza o la barbilla, y es probable que los brazos suban, e incluso nuestros pies y piernas apuntarán al cielo e incluso rebotarán cuando estemos sentados. Esto significa que los brazos van a ser una forma muy versátil de resaltar cómo nos sentimos en una determinada situación.

Los gestos individuales que vienen con las manos pueden ayudar a comunicar pensamientos conscientes. Esto puede incluir que el entrenador diga algún código no verbal a uno de sus jugadores en el campo para que el otro equipo no sepa lo que está pasando.

Cuando alguien está feliz o emocionado o con otro estado de ánimo positivo, entonces sus brazos van a fallar por todas partes. Casi te abofetearán porque están moviendo los brazos de una manera muy animada. Pero cuando alguien se sienta incómodo contigo o con la situación o incluso con la conversación, entonces es probable que sus manos estén cruzadas o se acerquen a sus lados. Muchas personas, cuando se sienten cómodas, estarán en algún lugar entre estos dos puntos.

El Torso

Lo siguiente que tenemos que ver es cómo se está comportando el torso en esta situación, y si tenemos que preocuparnos por eso o no con el nivel de comodidad de otra persona.

Nuestro torso va a estar compuesto por el vientre, el pecho y los hombros. Este va a ser bastante vital cuando se trate de nuestra supervivencia. Recuerda que esta es el área donde viven nuestros órganos. Debido a esto, instintivamente vamos a tratar de proteger esta parte del cuerpo. Incluso en algunos entornos sociales con los que no estamos muy cómodos, o que al menos estamos familiarizados, vamos a tratar de proteger nuestro torso.

La parte más interesante aquí es que vamos a permitir más acceso al torso cuando estemos cómodos. Si sentimos que estamos fuera de lugar, o no confiamos en la otra persona que está cerca de nosotros, vamos a meter los brazos, a menudo cruzándolos, con la esperanza de protegernos a nosotros mismos y a la zona del torso. Pero, cuando estamos cerca de otras personas con las que nos sentimos cómodos, vamos a abrir los brazos, y es menos probable que nos quedemos con los brazos cruzados en absoluto. Esto es algo que hay que tener en cuenta si todavía no estás seguro del nivel de comodidad que tiene la otra persona a tu alrededor.

Las piernas

Otra área a la que debemos prestar atención cuando se trata del nivel de comodidad que tenemos alrededor de los demás es la de las piernas. La parte del cuerpo que será vista como la más honesta cuando se trate de nuestro lenguaje corporal serán las piernas. De hecho, las piernas y los pies es donde se encuentra toda la honestidad. Muchas personas que tratan de ocultar a la otra persona sus verdaderas intenciones y sentimientos se centrarán en los otros aspectos de los que acabamos de hablar. Pasarán mucho tiempo trabajando en esto con la esperanza de ocultar sus verdaderas intenciones. Pero el único aspecto en el que no piensan, principalmente porque no creen que importe, o que alguien vaya a echar un vistazo, son sus piernas y sus pies.

Una forma clave de detectar las piernas es intentar ver hacia dónde apuntan las piernas y los pies. De forma similar a la forma en que vamos a apuntar el pecho, nuestras extremidades inferiores van a apuntar o inclinarse en la dirección que más nos interesa, o en la dirección de donde nos gustaría poder ir.

Por lo tanto, observa los pies y mira aquí lo que más le interesa a la persona. Si notas que los pies están apuntando hacia la puerta o lejos de ti, esto significa que la persona está interesada en salir de allí. Si se están alejando de ti y tratan de mirar en una dirección diferente, entonces esto es un buen indicador de que no quieren estar allí por más tiempo.

Esto también puede ir en el otro sentido. Si los pies están apuntando en tu dirección y están inclinados o inclinados en tu dirección, entonces significa que están cómodos contigo y quieren oír más sobre lo que quieres decir. Todo está en los pies, así que no importa si miras cualquiera de las otras partes del lenguaje corporal mencionadas anteriormente, por lo menos, fíjate en los pies o las piernas para ayudarte a determinar cuán interesado está la otra persona en ti.

La forma en que se presenta el lenguaje corporal de la otra persona puede decirte mucho sobre ellos. Puede ayudarte a saber si se sienten cómodos contigo; si están entusiasmados con el tema de la conversación; si quieren irse; si están tristes, y mucho más. Ser capaz de ver estas señales de lenguaje corporal y aprender a leerlos correctamente hará un mundo de diferencia en lo bien que puedes analizar a la otra persona.

Capítulo 10: Percepción

La percepción se refiere al conjunto de procesos inconscientes por los que pasa una persona para dar sentido a las sensaciones y estímulos que encuentra. Tu percepción se basa en tu interpretación de las diversas sensaciones y las impresiones que obtienes de los estímulos que recibes del mundo que te rodea. La percepción es lo que te ayuda a navegar por el mundo porque guía tu proceso de toma de decisiones, desde qué comer en el desayuno, la ropa que hay que llevar, la relación en la que hay que estar y la reacción que das a algo peligroso que se te viene encima.

Si cierras los ojos y tratas de recordar los detalles de la habitación en la que estás, ¿recuerdas el color de las paredes? ¿Recuerdas la ubicación de los muebles allí? ¿Recuerdas el ángulo que forman las sombras? Todo lo que puedas o no recordar está guiado por tu percepción. Tu cerebro no puede recordar todo lo que encuentra; solo tomarás nota de algunas cosas, guiado por tu percepción.

La diferencia de percepción de una persona con respecto a otra se ilustra mejor con una ilusión óptica en la que si tú y tu amigo miran la ilusión, es probable que noten una cosa, mientras que tu amigo notará algo completamente diferente.

La diferencia se debe a la variación en los procesos que el cerebro atraviesa para crear su reacción o percepción de los estímulos. Estos procesos son la selección, la organización y la interpretación.

Esta es la última etapa de la percepción; es la etapa en la que una persona considera y comprende subjetivamente los estímulos. Esta es la etapa en la que damos significado a lo que vemos.

La interpretación está influenciada por las experiencias, creencias, valores culturales, autoconcepto, necesidades, expectativas, participación y otras influencias individuales. La experiencia juega un papel primordial en la comprensión del comportamiento. Por ejemplo, una persona que ha pasado por un abuso físico puede interpretar que una persona que levanta la mano hacia ellos es alguien que quiere pegarle. Por otro lado, una persona con antecedentes deportivos podría interpretar el mismo gesto de alguien que se inclina para chocar los cinco, y también levantará la mano.

La cultura proporciona una estructura, reglas, expectativas y pautas para gobernar el comportamiento. Basándose en estas variaciones, notarás que las personas entienden, interpretan y responden al comportamiento de diferentes maneras. Por ejemplo, las madres estadounidenses son conocidas por celebrar los éxitos de sus hijos, aunque sean leves. Las madres chinas son conocidas por su enfoque en la disciplina. Basándose en esta diferencia, lo que a la madre china le parecería una falta de disciplina, una madre americana podría interpretar como curiosidad y exploración básica de la infancia.

El autoconcepto es también una influencia crucial en el punto de vista de una persona. El autoconcepto se refiere al conjunto de pensamientos y creencias que una persona tiene sobre sí misma en relación con su identidad racial, sexualidad, inteligencia y otros. Si crees que eres una persona atractiva, es probable que interpretes las miradas que recibes de otras personas como una admiración por tu belleza. Sin embargo, si crees que no eres atractiva, considerarás las miradas como un juicio negativo.

El deseo y las expectativas pueden determinar la forma en que interpretas los estímulos. El deseo de un individuo de evitar los estímulos negativos hace que interprete los estímulos de una manera particular.

El papel de los esquemas

La interpretación del comportamiento es un evento consciente y deliberado en el que una persona atribuye un significado a las experiencias que ha tenido utilizando estructuras mentales llamadas esquemas. Los esquemas se pueden comparar con las bases de datos que almacenan la información que se utiliza cuando se interpretan nuevas experiencias. Todos tenemos esquemas, y son diferentes a causa de las variaciones en las experiencias que hemos vivido a lo largo del tiempo. Los bits de información de cada evento se combinan con los bits de otros incidentes dando como resultado una compleja red de información.

Por ejemplo, tienes un esquema general con respecto a cómo interpretas la educación debido a las experiencias que has tenido en la escuela al interactuar con los profesores y otros estudiantes. El esquema comenzó a formarse incluso antes de que entraras en la escuela, basado en la información que recibiste sobre la escuela de tus padres, tus hermanos y las imágenes que viste de diferentes medios de comunicación.

Por ejemplo, aprendiste que una regla, un cuaderno y un bolígrafo están asociados con el entorno de aprendizaje. Con el tiempo, descubriste nuevos conceptos como el recreo, las notas, los deberes, los exámenes y el estudio. También desarrollaste relaciones con tus compañeros de clase, profesores, conserjes y administradores. A medida que tu educación progresaba, también lo hacía tu esquema.

La facilidad o la dificultad de revisar o reevaluar un esquema varía de una persona a otra, y de una situación a otra. Así, por ejemplo, algunos estudiantes no tienen problemas para cambiar sus esquemas al pasar de un nivel educativo a otro, incluso cuando cambian sus expectativas de compromiso académico y de comportamiento. Otros no tienen una transición fluida porque experimentan problemas para interpretar la nueva información utilizando el antiguo pero incompatible esquema.

La mayoría de nosotros hemos estado en situaciones como estas cuando nos encontramos con errores, frustraciones y decepciones al revisar nuestros esquemas, pero finalmente aprendimos a hacerlo bien. Ser capaz de adaptar tu esquema es un signo de complejidad cognitiva y crecimiento cognitivo, que es una parte esencial de la vida. Por lo tanto, aunque una persona se encuentre con desafíos y cometa errores, está bien porque la persona está en proceso de aprendizaje y crecimiento.

Ser consciente de sus esquemas es importante porque su interpretación determina su comportamiento. Por ejemplo, si estás dirigiendo un debate de grupo y notas que uno de los miembros es tímido, instintivamente evitarás pedirle que hable basándose en tu esquema sobre cómo a las personas tímidas no les gusta hablar en público o que hacen malos discursos en público.

Los esquemas también guían tus interacciones y se convierten en un guion que guía tu comportamiento. Por ejemplo, sabes cómo actuar en una primera cita, en una sala de espera, en un aula e incluso en un concurso. Una persona que nunca ha estado en ninguno de estos ambientes sabrá cómo comportarse.

Los esquemas también se usan para interpretar el comportamiento de otras personas y para formar impresiones sobre quiénes son. Este proceso es ayudado por la solicitud de información sobre dichas personas para que podamos colocar a las personas en un esquema particular. Por ejemplo, en los Estados Unidos y en muchas otras culturas de Occidente, la identidad de una persona está estrechamente ligada a lo que la persona hace para ganarse la vida. En una introducción, una de las primeras cosas que decimos sobre nosotros mismos, o sobre los demás es el tipo de trabajo que hacemos.

La conversación que tienes con una persona cambiará dependiendo del título que tenga la persona presentada. Por ejemplo, la conversación que tienes con un médico es diferente a la que tienes con un artista. A menudo hacemos distinciones similares basadas en el género, la cultura y otros factores de una persona que pueden influir en la percepción.

En resumen, los esquemas guían nuestra interpretación de las personas, los individuos, las cosas y los lugares, lo que filtra la información y la percepción que tenemos antes, durante y después de una interacción. Los esquemas se almacenan en nuestra memoria y se recuperan siempre que necesitamos interpretar el comportamiento, y todos los demás estímulos a nuestro alrededor. Al igual que las aplicaciones se actualizan cuando se crea una nueva versión, los esquemas se actualizan cuando encontramos nuevas experiencias en la vida.

Cómo interpretar la comunicación verbal

Una joven estudiante ha trabajado más de 20 horas para completar un ensayo de 40 páginas para su clase en la universidad. Luego tuvo que desarrollar una representación visual para acompañar su presentación. Después de tres noches agitadas e incontables tazas de café, finalmente está lista para presentar su informe final a la clase. Después de realizar un discurso atractivo y educativo, respiró un profundo suspiro de alivio. Después de la clase, se acercó a su profesor y le preguntó cómo lo había disfrutado. Apenas levantó la vista de su ordenador, el profesor se detuvo y dijo: "Estuvo bien", con una voz monótona. Ella estaba devastada. Después de dedicar todo su tiempo y recursos a este proyecto, no estaba satisfecha con "estuvo bien". Una semana más tarde, después de preguntarse qué podría haber mejorado, finalmente recuperó su calificación. Temblando, abrió el enlace y vio una nota del 100%. Estaba extasiada. Se sintió muy realizada y orgullosa de su trabajo. Sin embargo, todavía se preguntaba por qué el profesor le dio esa respuesta si iba a darle una A.

El profesor podría haber amado genuinamente su presentación. De hecho, podría haberle dado escalofríos. No obstante, como fue tan monótono en su respuesta, el estudiante se sintió inseguro. Daba la impresión de que no apreciaba todo su trabajo. En realidad, el profesor lo disfrutó mucho, tanto que le dio una calificación perfecta. ¿Cuál es el problema con sus acciones?

Probablemente, concluirías que la forma en que pronunció, "estuvo bien", fue un desvío. Esa entrega monótona es bastante diferente de la excitante, "¡Estuvo bien!" emparejada con un aplauso. Este es el poder de la comunicación verbal. Aunque una persona pueda decir una cosa, la forma en que lo dice revela la verdad. Nuestro lenguaje corporal trabaja estrechamente con la forma en que hablamos. Un comentario bastante grosero puede pasarse por alto cuando se combina con una cara sonriente, o puede ser tomado como extremadamente espeluznante. Además, una sonrisa puede ocultar intenciones insidiosas. Por eso el lenguaje corporal es una compilación de varios componentes.

Cuando una persona habla constantemente de una manera dura, asertiva y audaz, otros pueden concluir que esa persona está enojada. Incluso pueden evitar asociarse con ellos por miedo a abrazar la energía negativa. En realidad, la persona podría ser amigable y positiva. Sin embargo, la forma en que ponen gran énfasis en ciertas palabras o temas es intimidante. El poder del tono, el énfasis y el volumen pueden crear grandes conclusiones cuando se trata de la reputación. No obstante, hay excepciones a esta teoría. Algunos individuos pueden expresarse de una manera, pero su personalidad real es bastante diferente. Tomemos, por ejemplo, el difunto Michael Jackson. Michael tenía una voz extremadamente ligera y tímida. Hablaba casi como un niño inseguro. Al oírlo, se puede concluir que Michael era sumiso, tímido y callado. La realidad de su persona era muy diferente. La innovación de su música y la creatividad que emanaba de sus movimientos de baile iluminaban un gran poder y confianza. A pesar del volumen, el tono y la inflexión de su voz, era un león poderoso en lo que respecta a su oficio. Los amigos personales y los miembros de la familia, sin embargo, sabían que, en algún lugar, en el fondo, vivía una persona sumisa, tímida y tranquila. Esto denota que, dentro de nuestra voz, a pesar de la intención, se encuentran rasgos de personalidad muy arraigados que podemos ser ciegos. El individuo ruidoso y bullicioso puede estar buscando compensar una profunda inseguridad. El abogado arrogante y asertivo puede estar humeando con emociones de ira. La forma en que una persona habla es compleja y revela la verdad.

El poder que hay detrás de la forma de decir algo puede convertir su idea innovadora en una oportunidad pasajera. Imagina lanzar una idea para una nueva innovación con una voz monótona y sin señales de emoción. Seguramente, los que están en el otro extremo no estarían convencidos de que esta es su pasión. Puede que hayas perdido tu oportunidad simplemente porque te faltó entusiasmo. Tu voz también puede ser una herramienta manipuladora usada para afirmar a los demás. Hay una clara distinción entre gritar las reglas y explicarlas. La forma en que una persona dice algo puede marcar la diferencia en cómo se percibe la frase. Un gerente estresado puede afirmar, "¿Por qué siempre llegas tarde?" a un empleado con una voz severa y una boca fruncida. O puede decir amablemente, "¿Por qué siempre llegas tarde?" con un ligero toque en el hombro y un tono preocupado. Este podría ser el momento en que el empleado se abre o busca otro empleo. Cuando se piensa en ello, las palabras son solo extensiones de la mente. Todos las usamos y nos expresamos de una manera u otra. No obstante, el tono puede alterar drásticamente nuestras intenciones percibidas e incluso nuestra reputación.

El volumen en el que uno habla puede encender la acción. Un susurro puede indicar información confidencial, mientras que un fuerte grito puede indicar "Aléjate". Además, una voz monótona podría indicar desinterés donde el énfasis en palabras y sílabas podría señalar excitación. El sarcasmo, por otra parte, es bastante difícil de descifrar ya que es subjetivo para la persona que habla. Un individuo animado podría mostrar sarcasmo de la misma manera que ofrecería un saludo. Aquí es donde entran en juego las pistas contextuales. Analizar el lenguaje corporal de la persona. ¿Tiene una ligera sonrisa o una cara seria? ¿Lo que dicen parece extravagante en relación con el tema en cuestión? Interpretar el sarcasmo implica técnicas de integración para la comprensión. Es un sistema complejo que es único para cada persona. Una de las razones principales por las que el sarcasmo es tan difícil de entender para algunos es porque puede imitar las señales tradicionales del lenguaje corporal. En este sentido, puede ser esencial conocer a la persona con la que se está hablando, para que pueda entender mejor su personalidad. Entonces, poco a poco, ¡haz surgir el sarcasmo!

Comprender tu inflexión personal puede afectar a tu reputación. Puede que tengas las más puras intenciones, pero tu dicción, volumen y elección de palabras se toman de manera adversa. Otros pueden crear una distancia entre ellos y tú debido a esta inconsistencia. Ser consciente de la forma en que dices algo puede ser un verdadero indicador de tu intención. Además, tus habilidades de comunicación funcionarán sin problemas. Los dos componentes principales para dominar la comunicación efectiva son el control y la conciencia. Es importante controlar el tono, la inflexión y el volumen de tu voz. Incluso puede ser necesario controlar el tipo de palabras que usas. A continuación, ser consciente de tu público, entorno y estado de ánimo puede jugar un papel muy importante en la forma en que tus palabras aparecen. Un humor malo o melancólico puede no ser adecuado para la lectura de un libro infantil en la biblioteca. Puede practicar la alteración de tus habilidades verbales buscando la retroalimentación de los demás. Haz que analicen cómo expresas una frase, y pueden proporcionar formas constructivas de mejorar.

Peligros de la percepción inexacta

Lamentablemente, muchas oportunidades perdidas, actos de violencia y lapsos de juicio ocurren debido a una percepción inexacta. Muchas personas pierden la oportunidad de conectarse con otros porque dependen mucho del juicio inicial. La percepción se define como, "la capacidad de ver, oír o ser consciente de algo a través de los sentidos". Obtenemos conclusiones sobre las personas a partir de la información que recibimos de ellas. Si tenemos un encuentro negativo, es probable que percibamos a esa persona de mala manera. El lenguaje corporal y la percepción son los dos componentes que equivalen a una conclusión. La forma en que alguien se posiciona, sostiene sus manos, o incluso mueve sus ojos puede ser tomada de cierta manera. Aunque la percepción del lenguaje corporal es una parte natural del desarrollo social, la percepción siempre puede ser alterada. Tenemos la gran capacidad de ser capaces de reconocer algo sin saltar a las conclusiones. ¿Es esto realmente posible cuando se interpreta el lenguaje corporal?

Por supuesto que sí. Una de las principales claves para construir la comprensión es dejar de lado las asociaciones preconcebidas. Por ejemplo, una mujer joven siempre está de pie con las manos cruzadas, los ojos caídos y la boca hundida. Al mirarla, se podría concluir que es mojigata, engreída y distante. Esto puede impedirle hablar con ella. En realidad, la joven está lejos de ser engreída. Sufre de ansiedad social y se siente incómoda con las grandes multitudes. Tiene miedo de mantener una conversación junto con sus inseguridades personales. Desesperadamente quiere hacer amigos, pero no quiere dar el primer paso. Esta desconexión crea un torbellino de falsas nociones que impide la conexión humana pura. Como una persona la percibe como una persona engreída, evita iniciar una conversación sin conocer realmente su personalidad. Esto ocurre a menudo y es el resultado de malentendidos.

Romper esas nociones preconcebidas sobre cierto comportamiento implica eliminar el pensamiento unidireccional. A diferencia de asignar un solo significado a un movimiento corporal específico, abre tu mente a la posibilidad de otros razonamientos detrás del comportamiento. Los factores ambientales pueden incluso alterar los significados tradicionales del lenguaje corporal. Los brazos cruzados suelen traducirse en sentimientos de autoconciencia o desaprobación. Sin embargo, en una habitación extremadamente fría, ¿tiene el mismo significado? Cuando se habla con un amigo en un día soleado, ¿mirar a un lado significa que está mintiendo? ¿O podría el sol ser extraordinariamente brillante? Los factores situacionales también son imperativos para sacar conclusiones definitivas. Romper el contacto visual no significa automáticamente que tu amigo no esté interesado en tu conversación. Tal vez estén fatigados o inundados de asuntos personales en este momento. Es importante ser flexible con la forma en que percibe el comportamiento. Entendiendo que siempre hay una razón detrás de todo, aprenderás a dar a los demás el beneficio de la duda.

El dicho tradicional, "No puedes juzgar un libro por su portada", es vital para hacer conexiones sociales. Una mujer con las cejas arrugadas, la boca caída y los ojos encapuchados puede dar la impresión de que siempre está enfadada. Sin embargo, al conocerla, te das cuenta de que es extremadamente amistosa. Tal vez esa sea la estructura natural de su rostro. Lo mismo sucede con un hombre que hace un profundo contacto visual, se inclina hacia sus sujetos y toca las manos mientras habla. Estas pistas pueden indicar que está románticamente interesado en quien sea que esté hablando. En realidad, esa puede ser su manera de mostrar interés en la conversación. Casi podría compararse con el respeto.

Las diferencias culturales pueden influir en cómo percibimos ciertos comportamientos. Por ejemplo, en los Estados Unidos, típicamente asentimos con la cabeza para decir "Sí". Sin embargo, en las culturas griegas, un movimiento de cabeza significa "No". En Portugal, los individuos pueden tirar de las orejas cuando algo sabe delicioso. Cómico, pero cierto, los italianos lo interpretan como un movimiento sugerente con trasfondo sexual. Los europeos se besan abiertamente en público, mientras que los países asiáticos tradicionales lo consideran inapropiado en público. El hombre mencionado anteriormente, cuyos manierismos pueden ser sugerentes, probablemente creció predominantemente alrededor de las mujeres. Su madre, sin duda, le enseñó a mostrar respeto e interés por aquellos a los que se dirige. Aunque sus acciones resultaron ser coquetas, simplemente actuaba por un impulso natural. Cuando se analizan los demás, es clave recordar que todos vienen de una familia diferente que implementó diferentes expectativas de comportamiento. Algunas familias pueden comunicarse a través de caricias y abrazos cálidos mientras que otras mantienen una distancia respetuosa. Antes de sentirte ofendido, considera cómo crecieron en conjunto con su personalidad. Tal vez les agrades, y te están mostrando a su propia y única manera.

Otra forma clave de destruir la percepción del juicio inicial es conocer a la persona. Claro, alguien puede parecer grosero, tímido, distante o incluso enojado. No obstante, ¿son menos merecedores de tener una conexión social contigo? ¿Han hecho algo concreto que te impida asociarte con ellos? La ruptura inicial del hielo puede ser un desafío, pero los resultados valen la pena. Al acercarse a alguien que emite un lenguaje corporal negativo, es importante considerar estos consejos si se intenta establecer una conexión:

- Pregúntales sobre sus intereses.

- Discutir los puntos comunes e intentar hacer una conexión.

- Pregúntales sobre su familia. ¿Tienen hermanos? ¿Su familia está cerca o lejos?

- Comparte algo especial sobre ti mismo. Esto puede abrir la puerta para una mayor conversación.

- Simplemente pregúntales cómo les va el día.

Hay una gran cantidad de rompehielos que se pueden utilizar para acercarse a alguien que puede parecer inaccesible. Al hacerlo, aprenderás que, aunque la percepción es clave, la comprensión es lo que da forma a las relaciones. Podrías estar dejando pasar una amistad a propósito por un malentendido. Al tomarte el tiempo adicional para entender a otra persona, entenderás su lenguaje corporal. Aprenderás lo que abarca su ser interior. Esto te ayudará a desarrollar una mente abierta cuando construyas relaciones.

Leer a la gente a través de su entorno

El entorno inmediato de una persona puede revelar mucho sobre ella, y no me refiero a las pruebas de psicología pop que siguen apareciendo en tu línea de tiempo. Me refiero a que es una forma sólida y científica de hacer conjeturas educadas sobre el carácter de una persona. Hay principios psicológicos detrás de analizar el comportamiento de una persona a través de su entorno inmediato.

Aquí hay un montón de asombrosos y útiles consejos para leer a una persona a través de su entorno.

Colores

Lo primero que notas cuando entras en la casa de alguien son los colores usados en la decoración. La elección de los colores de una persona puede revelar psicológicamente varios aspectos de su personalidad. Por ejemplo, si la persona está usando muchos colores brillantes y atrevidos como el rojo, el naranja, el azul eléctrico, etc., no tiene miedo de arriesgarse o de articular sus pensamientos. Su personalidad es más audaz, extrovertida y con ganas de aventuras. No temen decir las cosas como las ven.

Los colores sutiles pueden implicar que la persona es de naturaleza más sutil, contenida y reflexiva. Pueden ser pensadores profundos que sopesan todas las opciones cuidadosamente antes de tomar una decisión importante.

Las personas que están más centradas en su interior o son más introvertidas tienden a hacer sus casas en tonos sólidos y suaves y patrones más apagados, mientras que las personalidades extrovertidas tienden a usar diseños audaces y experimentales.

El armario oculto

¡El desorden en tu casa probablemente revela el desorden en tu cabeza también! No, eso no es juzgar. Es una forma de analizar cómo los pensamientos y la mente de las personas llevan a la creación de su entorno. Un escritorio de trabajo ordenado, organizado y clasificado eficientemente es un signo de una mente que posee una gran claridad de pensamiento. La limpieza y el orden excesivos también pueden ser un signo de ansiedad, nerviosismo o baja autoestima. También puede indicar un problema de salud mental como el trastorno obsesivo-compulsivo. Hay que estar atento a las señales de orden extremo y a la obsesión por la limpieza.

Por el contrario, las personas cuyos espacios son más caóticos y de aspecto desorganizado pueden revelar una mente desordenada y desorganizada. Puede ser un signo de ser bueno en muchas cosas o de hacer muchas cosas a la vez. Cuando se realizan demasiadas actividades, apenas se tiene tiempo de organizar el espacio, lo que significa que a menudo se deja desatendido o de forma desorganizada. A veces, puede ser un signo de simple pereza o de falta de claridad/objetivos en la vida.

Se ha observado que las personas con una personalidad más extrovertida tienden a tener más caos a su alrededor. Lo más probable es que sus cajones estén desordenados y desorganizados. Por el contrario, las personas que son más reflexivas e introvertidas por naturaleza pasarán más tiempo organizando meticulosamente, arreglando y priorizando sus pertenencias.

La mayoría de las personas (por muy quisquillosa que sea la limpieza) tienen algunas áreas de la casa que son un desorden oculto. Basta con pensar bajo la cama o detrás de sus armarios. Se trata en su mayoría de áreas a las que la gente no suele acceder y que, por lo tanto, están descuidadas. Si una persona mantiene incluso estas áreas inaccesibles limpias y organizadas, puede estar sufriendo de ansiedad. Estas son probablemente el tipo de personas que son fanáticas del control o están obsesionadas con el control total de todo lo que les rodea.

Los estudios también revelan que un ambiente desordenado, desorganizado y errático es un signo de alta creatividad. La gente que vive en tales lugares tiende a generar mejores y más innovadoras ideas. Así que sí, el cliché sobre un artista de la ciencia/inventor con el pelo desordenado y una mirada desorganizada es realmente cierto desde la perspectiva psicológica.

Impresiones

Por divertido que parezca, puedo decir mucho sobre una persona simplemente mirando los estampados que usa en su decoración o en su ropa. Los estampados grandes, brillantes y atrevidos revelan que la persona es más segura de sí misma, confiada y no inhibida por la opinión que los demás tienen de ella. Lo más probable es que sean ferozmente independientes en pensamiento y acción, y pensadores originales. Tienen su propia y clara opinión/puntos de vista en varios temas y no se dejan influenciar fácilmente por los demás.

Del mismo modo, los estampados extravagantes como lunares o animales o leyendas de cómics pueden revelar una personalidad divertida, caprichosa, creativa y original. Los grabados geométricos, por otro lado, revelan una necesidad de orden y organización.

Un estudio realizado por investigadores de Yale concluyó que las personas que pasan mucho tiempo duchándose y bañándose están en su mayoría solas. Utilizan el calor del baño como sustituto de la falta de calor emocional.

Los psicólogos también han descifrado el significado de tener una pared llena de citas motivacionales, mensajes y carteles. Según los expertos, esto es muy probablemente un indicador de neuroticismo. Estas personas usan su entorno inmediato para calmar sus nervios y ayudarles a navegar. No se concluye inmediatamente que algo está mal con una persona o que necesita ayuda si tiene una pared llena de carteles motivacionales. Háblales más para entender mejor su personalidad u obsérvalos de cerca para obtener pistas no verbales.

Artículos viejos

Las personas cuyos espacios se llenan con artículos del pasado como viejos uniformes de trabajo, camisetas de equipos deportivos que ya no les sirven, ropa que ya no les queda, etc. son los que con mayor probabilidad viven en el pasado o no pueden dejar atrás su pasado. Se aferran a los recuerdos y a menudo se niegan a seguir adelante. Acumular cosas que pertenecen a su pasado no es un signo de que estén apegados a las pertenencias en sí. Estas personas de hecho se aferran a los recuerdos asociados con estas pertenencias.

Capítulo 11: Control mental y cómo influir en el subconsciente

En primer lugar, después de haber repasado lo que constituye el lenguaje corporal, el papel del lenguaje corporal y cómo leer el lenguaje corporal, entonces es importante que uno aprenda sobre las formas de beneficiarse de la lectura del lenguaje corporal de las personas. En este contexto, el beneficio que se obtiene de la lectura del lenguaje corporal de las personas no es atormentar o utilizar a las personas, es más bien mejorar sus intereses que son aceptables, como el aumento de los negocios.

En segundo lugar, el control mental se refiere a un contexto en el que uno se aprovecha y parece no tener la voluntad mental para comprender o controlar lo que le sucede a él o a otros. Aunque el control mental puede entrañar la hipnotización, en la mayoría de los casos se produce sin recurrir a la hipnosis. Una de las formas de controlar la mente de otra persona es reflejar su lenguaje corporal y crear un ritmo de comunicación que haga que la persona se sienta conectada a ti. Las personas que emplean el control mental buscan ganancias a corto plazo o instantáneas, especialmente mediante el control de sus emociones y la forma en que tú reaccionas a sus emociones.

Desde un punto de vista ético, el control mental califica en gran medida como no ético. La cuestión moral surge porque uno está aprovechando las debilidades de la persona objetivo para lograr sus intereses. Por ejemplo, se puede controlar la mente para hacer que se venda un paquete de seguros que no se necesita, pero que el vendedor necesita que se le pague. Un socio puede controlar la mente para mejorar los niveles de lealtad en la relación, que puede no ser lo que tú estás sintiendo genuinamente. Como tal, con el control mental, la cuestión de la ética domina la aplicación del control mental.

Afortunadamente, a través de la comprensión del lenguaje corporal, se puede detectar un intento de controlar sus mentes y activar medidas defensivas. Primero, toma nota del intento de lectura de lenguaje corporal para ganarse a un cliente o persona difícil. En un momento dado, te has encontrado con una persona difícil de entender y con la que te llevas bien a pesar de tus esfuerzos. Armado con competencias de lectura de lenguaje corporal, puedes analizar correctamente su tono, postura, tacto, contacto visual y expresiones faciales para conectar con el individuo correctamente. Del mismo modo, una persona que trate de controlar tu mente tratará de leer todas estas señales de lenguaje corporal. Por ejemplo, empleará habilidades paralingüísticas; tratará de establecer una relación con la persona. Algunos clientes están a la defensiva, pero si estás equipado con habilidades de lectura de lenguaje corporal, entonces fácilmente te las arreglarás para manipularlas a tu favor. De manera similar, el individuo que manipula tratará de aplicar estas tácticas en ti. Por ejemplo, la persona manipuladora tratará de leer si hablas en voz alta, entonces probablemente el cliente esté enojado o frustrado por la carga de trabajo u otros problemas de la vida. Usando este conocimiento, puedes predecir como la persona manipuladora reaccionará al tono de tu voz.

En segundo lugar, la mayoría de los manipuladores apuntan a la retroalimentación negativa y a las emociones negativas porque es aquí donde la mayoría de las personas muestran debilidad y crean espacio para el control mental. Un manipulador explotará el lenguaje corporal para crear percepciones de cuidado, amor y simpatía, así como empatía que la mayoría de las personas caen en sus momentos difíciles. Al darse cuenta de que eres más vulnerable a la manipulación cuando procesas noticias negativas y emociones negativas, serás capaz de manifestar altos niveles de conciencia mental.

Como era de esperar, la mayoría de los manipuladores que quieren el control mental tratarán de precipitar el conflicto y aprovecharse de las enconadas diferencias. No obstante, al aprender y aplicar la resolución efectiva de conflictos se puede realizar leyendo el lenguaje corporal de la persona objetivo. Asumiendo que eres un árbitro en un conflicto, deberías leer el lenguaje corporal de las partes en conflicto para descubrir cualquier terreno compartido y las cuestiones emocionales. Los individuos mostrarán pánico, intranquilidad y rigidez cuando se planteen cuestiones emocionales como sonreír, cruzar los brazos, respirar rápido y mostrar una mirada fría. Los individuos asentirán con la cabeza si se menciona algo en lo que están de acuerdo. También pueden dar una palmada, aplaudir y estrechar la mano para mostrar su voluntad de hablar o llegar a un acuerdo. Un árbitro usará la lectura del lenguaje corporal para identificar a los de línea dura y usará el lenguaje corporal para descongelar la postura dura de esas personas. Los propios participantes también pueden leer el lenguaje corporal de la otra parte y apreciar su postura e intentar iniciar una conversación significativa. Todos estos esfuerzos combinados le darán a uno una ventaja en la resolución de conflictos.

Además, cuidado con los intentos de hacer las conversaciones interesantes. También nos gustaría animar las conversaciones, pero no siempre es así, y los manipuladores lo entienden. Una forma efectiva que los manipuladores usan es mejorar la forma en que otras personas los perciben, es entender su estatus y ajustar sus palabras y su lenguaje corporal. Por ejemplo, si un manipulador lee el lenguaje corporal de la otra persona y se da cuenta de ello, se siente desinteresado o agotado; puede sugerir un descanso o contar un chiste. A través del contacto visual, puede hacer que la otra persona se sienta reconocida y quiera unirse a la conversación. Si todo el grupo o el público se siente desinteresado en la conversación bostezando, encorvándose en sus sillas, cruzando las piernas y perdiendo el contacto visual, entonces el orador debe realizar una rápida autocomprobación y ajustar la comunicación. Es importante estar atento a los intentos deliberados de hacer que se apeguen a la conversación.

Asimismo, aprovechar la lectura del lenguaje corporal puede ayudar a reconocer cualquier deshonestidad y pretensión en una conversación y ayudar a notar la falta de honestidad del manipulador. Centrarse en la comunicación verbal no es suficiente para determinar con precisión si uno está fingiendo. Por ejemplo, tu hijo puede decir que se siente cómodo saliendo a jugar mientras que su lenguaje corporal sugiere lo contrario. Por ejemplo, el niño podría responder en voz alta y reírse sarcásticamente de que se siente cómodo saliendo a jugar. El padre o la madre utilizará este lenguaje corporal para abordar los verdaderos sentimientos del niño. En una relación íntima, determinar el verdadero estado emocional de su pareja es fundamental para una interacción pacífica y constructiva. Por ejemplo, si tu pareja afirma que te cree, pero su voz es aguda y hace gestos al azar, es probable que no lo haga y, de hecho, está enfadada contigo.

Aprovechar la lectura del lenguaje corporal puede hacer que uno dé una buena primera impresión, y deberías analizar críticamente la primera impresión. Una buena primera impresión es crítica al vender, durante una entrevista, y al buscar una pareja para la vida. Armado con la lectura del lenguaje corporal uno puede deliberadamente mejorar el lenguaje corporal positivo como asentir con la cabeza a un discurso, usar gestos cuando sea necesario y hablar en voz baja para sonar profesional. Cuando uno se siente cansado y quiere arrastrar los pies o bajar el contacto visual, puede compensar eso interrumpiendo al orador para hacer una pregunta o tomar notas. Se espera que uno ofrezca un firme apretón de manos y lo acompañe con una sonrisa. Dar una buena primera impresión puede mejorar y abrir oportunidades para ti en el caso de negociación, entrevistas, hacer ventas y buscar una pareja de matrimonio.

Además, el aprovechamiento del lenguaje corporal puede ayudar a identificar correctamente los problemas de una relación mediante el análisis del lenguaje corporal. Más allá de leer el lenguaje corporal y mejorar las relaciones sociales e íntimas, también se puede utilizar la lectura del lenguaje corporal para determinar la presencia de problemas en las relaciones, lo que incluye la identificación de intentos de control mental. Por ejemplo, puedes notar que cuando hablas de ciertos temas con tu pareja, su lenguaje corporal sugiere defensividad y enojo. Por esta razón, la lectura del lenguaje corporal puede ayudar a llegar al tema subyacente incluso en los casos en que la pareja está decidida a no abrirse. Usar el lenguaje corporal para identificar problemas también puede ayudar a un padre a determinar qué es lo que le molesta a tu hijo en los casos en que el niño se retira a su mundo. El padre puede tratar de hablar sobre temas generales, así como sobre temas específicos y observar el lenguaje corporal del niño para adivinar los problemas o desafíos que el niño está enfrentando.

Igualmente importante, la enseñanza efectiva o el compartir ideas puede ser mejorado leyendo el lenguaje corporal de la audiencia objetivo. Un manipulador buscará ajustar la experiencia para priorizar sus necesidades en lugar de las necesidades mutuas. Por ejemplo, un maestro puede mejorar la comprensión de los estudiantes tomando nota de las señales de falta de concentración, como el bostezo o la mirada fija en el techo. No obstante, si el profesor quiere lograr el control mental, entonces manipulará el lenguaje corporal para priorizar solo sus necesidades sobre las demás. Al igual que la comunicación verbal, el lenguaje corporal también puede contener ruido donde las claves no verbales de la comunicación distorsionan el mensaje deseado. Fuera del contexto de la enseñanza, se puede mejorar el intercambio de ideas leyendo el lenguaje corporal de la audiencia y evocando la emoción y reacción deseada. Por ejemplo, uno debe asegurarse de que el público destinatario esté relajado y alerta evaluando la postura al sentarse, el contacto visual y las expresiones faciales antes de iniciar una presentación. Compartir ideas de manera efectiva depende de la precisión del momento y los actores, oradores y políticos lo entienden bien.

Finalmente, el aprovechamiento de la lectura del lenguaje corporal conducirá a una mejora de la inteligencia emocional y de las habilidades sociales para hacer una más atractiva y comprensiva. La inteligencia emocional implica ser consciente de cómo te sientes y reconocer cómo se sienten los demás para mejorar la comprensión mutua. Por esta razón, el lenguaje corporal es una vía crítica para leer el estado emocional de la otra persona. La inteligencia emocional requiere leer correctamente el estado emocional de un individuo para poder empatizar con cómo se siente. Con este telón de fondo, la lectura del lenguaje corporal de un público objetivo da una ventaja añadida a un individuo para evocar y aplicar habilidades sociales así como para entenderse a sí mismo en profundidad. Puedes considerar hablar con un colega y manifestar señales no verbales de que te sientes ofendido, pero la persona no está registrando lo que tú sientes. En este contexto, la comunicación efectiva no solo se verá obstaculizada, sino que la relación social también se verá afectada negativamente.

Técnicas de control mental

Se reconoce el control mental, así como la explotación, la modificación del pensamiento, el lavado de cerebro, el poder cerebral, la influencia coercitiva, el control coercitivo, la utilización cruel de la dinámica de los grupos y varios otros aspectos.

El detalle de que haya tantos nombres muestra una deficiencia de conformidad que permite la perplejidad y la distorsión.

Es aceptable que el poder cerebral se vea afectado por la percepción de la persuasión y el poder sobre cómo alterar las actitudes y creencias de las personas.

No obstante, además de esto, hay divisiones significativas que están fuera de lugar en el camino.

Es mucho más práctico percibir la influencia como una escala.

En un extremo, hay impactos morales y diferenciales que valoran a la persona y sus privilegios.

En el otro extremo, tenemos efectos perjudiciales que mueven a la persona de su individualidad, autosuficiencia y capacidad de considerar de manera crítica o racional.

Entonces, ¿qué es el control cerebral?

Es mucho mejor percibirlo como un esquema de impactos que interrumpe considerablemente a un individuo en gran medida, a la altura de su individualidad (sus principios, opiniones, gustos, elecciones, actitudes, asociaciones, etc.), creando una nueva identidad falsa o una personalidad falsa.

El control mental se puede utilizar claramente de manera positiva, por ejemplo, para ayudar a los adictos, pero aquí estamos hablando de situaciones que son innatamente espantosas o inmorales.

El psicólogo social, Philip Zimbardo, expresa la opinión de que el control del cerebro es un procedimiento por el cual una persona o la libertad comunal de elección y actuación se ve comprometida por agentes o agencias que alteran o deforman la conciencia, los incentivos, la influencia, la cognición o las consecuencias de las actitudes, y propone que toda persona es vulnerable a ese tratamiento.

La persona que está controlada mentalmente no es consciente del procedimiento de influencia ni de las alteraciones que se producen en su interior.

La persuasión y el control mental ocurren en todas partes y están a nuestro alrededor todo el tiempo. De conocidos, unidades familiares, grupos, políticos, religiones, científicos, autores y activistas.

La consulta en sí es la siguiente: ¿estamos influenciados por los detalles, la causa, la investigación y la admisión abierta de datos?

¿O mediante métodos controladores y engañosos?

Llego a la conclusión de que el permiso a través del engaño no es un permiso de ninguna manera.

Algunos métodos de control mental

Las técnicas fundamentales de control del cerebro suelen estar ampliamente conformadas por cultos y sectas para emplear, instruir y mantener a sus miembros, y la mayor parte de las personas influyentes son psicópatas.

Estos pensamientos acerca de los métodos de control cerebral fundamental pueden aplicarse inmediatamente y de forma sencilla a las asociaciones de uno a uno en cuanto a conjuntos de personas.

Los narcisistas son un grupo más que utiliza frecuentemente este tipo de métodos.

Las técnicas de control mental, dependiendo de su utilización, pueden ser seductoras o destructivas.

Representan diversas cosas para personas diferentes.

También son reconocidos como persuasión forzada, lavado de cerebro, reestructuración del pensamiento, manipulación y seducción, entre otros.

Bajo el paraguas del control mental, hay una secuencia de técnicas con la intención de manejar y alterar los procesos mentales de un ser humano.

En muchos casos, son extremadamente eficientes y, en otros, permanentes.

A pesar de ello, no todos los tipos de control cerebral son esencialmente negativos, porque hay algunos usos positivos para estas técnicas.

Las técnicas de control mental pueden tener efectos muy influyentes. Pueden influir considerablemente en la acción de un individuo, sus conductas, opiniones, creencias, gustos, asociaciones, e incluso su propia identidad.

El control cerebral puede ser usado por toda persona que quiera manipular o tener poder sobre otra persona.

Además, las personas que utilizan este tipo de técnicas tienen razones muy particulares, ya sean políticas, sociales y/o personales.

En la mayoría de los casos, su objetivo es que determinadas personas pierdan su sentido de libertad de pensamiento y confianza personal.

Además, el control mental es una técnica muy extendida entre las sectas, los cultos y las religiones.

Los usan para insertar nuevos seguidores y mantener a sus miembros activos.

En resumen, el control mental no siempre es tan terrible. Estas técnicas solo son negativas cuando se usan con fines egoístas.

En la siguiente página, hay algunos métodos de control mental fácticos que fueron usualmente utilizados no solo por individuos normales en asociaciones interrelacionadas sino también en muchos grupos.

Lavado de cerebro

En la actualidad, la mayoría de los psicólogos y científicos sociales no utilizan la noción de lavado de cerebro y las técnicas de persuasión y compulsión utilizadas durante la guerra de Corea no se consideran esotéricas.

Hipnotismo

La hipnosis es una situación humana relativa a la atención enfocada, la reducción de la conciencia periférica y una mejor capacidad de reacción a las sugerencias.

Durante la hipnosis, una persona suele tener una atención y concentración agudas.

La utilización de la hipnosis como un tipo de terapia para recuperar e incorporar un trauma temprano es controvertida.

Los estudios muestran que hipnotizar a un individuo podría, de hecho, ayudar a la formación de falsos recuerdos.

La hipnosis es un tema extremadamente controvertido, incluso para la pregunta de si es real o no.

Este segmento desata algunas de estas preguntas e ilustra algunos de los procedimientos y métodos que se utilizan.

Críticas

La crítica puede ser utilizada como un aspecto de la lejanía.

Los manipuladores frecuentemente hablarán en términos de "nosotros contra ellos", desaprobarán el mundo exterior y mantendrán su propia superioridad.

De acuerdo con ellos, solo te sientes bendecido por estar cerca de ellos y estar relacionado con ellos.

Repetición

La repetición constante es un instrumento de persuasión autoritario adicional.

Aunque parezca demasiado simple para ser eficaz, la repetición del mismo mensaje una y otra vez lo hace reconocible y más fácil de memorizar.

Cuando la reaparición se comparte con la evidencia común, promueve el mensaje sin éxito.

Miedo al aislamiento

Las nuevas personas que se incorporan a los grupos de control normalmente aceptarán una bienvenida afectuosa y darán forma al número de nuevas asociaciones que parecen ser mucho más profundas y significativas que todo lo que han experimentado en toda su vida.

A medida que pase el tiempo, si surge alguna incertidumbre, estas relaciones se convertirán en una herramienta influyente para mantenerlos en el grupo.

Incluso si no están totalmente persuadidos, la vida en el mundo exterior puede parecerles muy solitaria, y seguramente no querrán estar aislados y solos.

La prueba social y la presión de los compañeros

Las personas que intentan controlar a grandes grupos de personas se caracterizan por utilizar la prueba social y la fuerza de los compañeros para lavarles el cerebro a los recién llegados.

La prueba social es un hecho psicológico en el que muchas personas suponen que los movimientos y actitudes de los demás son apropiados y debido al hecho de que "todo el mundo hace eso", debe ser aceptable.

Esto resulta particularmente bueno cuando una persona no está segura de qué creer, cómo actuar o qué hacer.

Numerosos individuos en tales circunstancias simplemente observan lo que hacen los demás y luego hacen esta cosa en particular.

Fatiga

El agotamiento y la falta de sueño conducen a la fatiga corporal y psicológica.

Cuando se está cansado físicamente y menos alerta, se es más vulnerable a las influencias.

Un estudio mencionado en el Journal of Experimental Psychology sugiere que las personas que no han dormido durante solo 21 horas son más vulnerables a la persuasión.

Alteración de la individualidad

Eventualmente, la gente manipula el deseo de recrear su individualidad.

Desean que dejes de ser tú mismo y te conviertas en un robot, una persona que inconscientemente sigue sus instrucciones.

Utilizando todas las técnicas y métodos de manipulación cerebral mencionados anteriormente, intentarán sacar de ti una afirmación, alguna forma de reconocimiento de que consideras que son buenas personas haciendo algo bueno.

Al principio, puede ser algo aparentemente sin importancia como aceptar el hecho de que los miembros del grupo son personas divertidas y cariñosas o que algunas de sus opiniones son innegablemente válidas.

Cuando permites esa pequeña cosa, puedes estar más preparado para admitir otra y luego otra y luego otra más. Y entonces antes de que te des cuenta, por el deseo de ser constante con lo que haces y dices, empiezas a reconocer como uno del grupo.

Esto es principalmente influyente si eres consciente de que tus afirmaciones fueron grabadas o filmadas.

Conclusión

Cuando tu vida se siente fuera de control, puedes cambiar la dirección con una influencia deliberada. Cuando te equivocas u olvidas lo que tienes que hacer, los ejercicios de este libro te harán volver al punto de partida y te ayudarán a volver al trabajo positivo de los detalles una vez más. Te animamos a seguir practicando regularmente con la gran cantidad de conocimiento que tienes ahora, y a expandir tu conocimiento y evolucionar una vez más.

La influencia y la manipulación práctica y ética te llevarán muy lejos. Con esta información en este libro, estás listo para dejar de doblegarte a las voluntades de los demás y comenzar a implementar la vida y el futuro que quieres con tácticas de persuasión.

Por favor, tómate el tiempo para recordar lo importante que es que te muevas a través de los pasos en el orden apropiado si vas a manipular exitosamente a quien quieras. Primero, analizas a las personas, luego las manipulas, y finalmente, las persuades. Como resultado, deberías ser capaz de conseguir que alguien esté de acuerdo contigo y te dé lo que quieras.

Además, has completado los pasos iniciales, cruciales, para leer a los demás e influir en las interacciones de carácter social, empresarial o romántico. A medida que has trabajado en estos capítulos, has ampliado tu conocimiento sobre la historia de la manipulación y cómo también juega un papel en los medios de comunicación actuales. Ahora eres más consciente de los profesionales que constantemente confían en estas aplicaciones para su propio éxito.

No solo te has familiarizado con las prácticas necesarias para convertirte en un excelente lector del lenguaje corporal y las comunicaciones vocales de los demás, sino que también has aprendido que la persuasión positiva y deliberada puede ayudarte a reparar las relaciones existentes que pueden estar experimentando tensiones.

El siguiente paso es practicar. Cuanto más practiques el aprendizaje de cómo manipular a la gente, más efectivo serás. Tómate tu tiempo, aprende una habilidad a la vez, y hazlo realmente bien antes de seguir adelante. Recuerda, no serás capaz de dominar este arte de la noche a la mañana. Si quieres ser un maestro manipulador y aprender con éxito cómo manipular a la gente para hacer prácticamente cualquier cosa que quieras que hagan, necesitas tomarte el tiempo para dominar realmente el arte.

Como dijimos, no te lanzarías en picada desde una gran inmersión antes de aprender a nadar. Del mismo modo, no deberías intentar manipular a alguien en una situación grande e importante antes de aprender a manipular en situaciones básicas con estacas bajas. Practica el análisis primero, luego la persuasión. Cuando estés listo, pasa a la manipulación. Practica aprendiendo cómo puedes elegir el "mapa de ruta" correcto para cada tipo de personalidad y conducción, ¡y cómo puedes manipularte a ti mismo para hacer que estas estrategias realmente funcionen! Practica tu lenguaje corporal, expresiones faciales y otras pistas verbales y no verbales para asegurarte de que estás enviando el mensaje correcto, ayudándote así a conseguir los resultados deseados.

El poder de la influencia, la manipulación y la seducción es ahora un tema que puede tener sentido, y con el que ya no necesita sentirse alienado o roto. Entiendes lo que significa realmente la influencia positiva, y cómo usarla en conjunto con otras prácticas deliberadas para obtener los máximos resultados. También has aprendido a tener cuidado con las manipulaciones negativas que se dan a tu alrededor y que se centran en ti.

Además, has completado los pasos iniciales, cruciales, para leer a los demás e influir en las interacciones de carácter social, empresarial o romántico. A medida que avanzas en estos capítulos, has ampliado tu conocimiento sobre la historia de la manipulación y cómo también juega un papel en los medios de comunicación actuales. Ahora eres más consciente de los profesionales que constantemente confían en estas aplicaciones para su propio éxito. Con suerte, has ganado perspicacia, confianza y aplicación práctica de la información de este libro.